Jürgen Werth

EINFACH LESENS WERTH

Mutmachendes aus drei Jahrzehnten

SCM

R.Brockhaus

SCM

Stiftung Christliche Medien

Der SCM-Verlag ist eine Gesellschaft der Stiftung Christliche Medien, einer gemein-
nützigen Stiftung, die sich für die Förderung und Verbreitung christlicher Bücher,
Zeitschriften, Filme und Musik einsetzt.

© 2014 SCM R.Brockhaus im SCM-Verlag GmbH & Co. KG
Bodenborn 43 · 58452 Witten
Internet: www.scmedien.de; E-Mail: info@scm-brockhaus.de

Die Bibelverse wurden, soweit nicht anders angegeben,
folgender Ausgabe entnommen:

Lutherbibel, revidierter Text 1984, durchgesehene Ausgabe in neuer Rechtschrei-
bung, © 1999 Deutsche Bibelgesellschaft, Stuttgart.

Weiter wurden verwendet:

Hoffnung für alle®, Copyright © 1983, 1996, 2002 by Biblica US, Inc., verwendet mit
freundlicher Genehmigung des Verlags. (HFA)

Gute Nachricht Bibel, revidierte Fassung, durchgesehene Ausgabe in neuer Recht-
schreibung, © 2000 Deutsche Bibelgesellschaft, Stuttgart. (GNB)

Neues Leben. Die Bibel, © 2002 und 2006 SCM R.Brockhaus im SCM-Verlag GmbH
& Co. KG, Witten. (NLB)

Umschlaggestaltung: Guido Apel, Bamberg
Titelbild: © Rahel Täubert
Satz: Christoph Möller, Hattingen
Druck und Bindung: CPI – Ebner & Spiegel, Ulm
Gedruckt in Deutschland
ISBN 978-3-417-26601-6
Bestell-Nr. 226.601

INHALT

VORWORT

Die freundliche Pfarrerin strahlte mich an: »Ich schneide Ihre Artikel immer aus und hebe sie auf. Irgendwann kann ich sie gebrauchen.« Dieses Buch nun macht Schluss mit der Loseblatt-Sammlung. Es fasst zusammen, was mir lesenswerth erscheint. Vorlesenswerth auch. Zeitschriftenartikel, Radiobeiträge und Buchkapitel mit zeitlos Werthvollem aus drei Jahrzehnten.

Puh – während ich das schreibe, komme ich mir schlagartig alt vor. Und tröste mich gleich selbst: Das ist ja jetzt nicht die schriftstellerische Schlussbilanz eines Schreibmüden. Kein »Das war's!«. Eher eine Zwischenbilanz. Denn ich hoffe ja doch, dass mir auch künftig Lesenswerthes auf- und einfällt.

Dieses Buch ist ein Reiseführer. Irgendwie. Ein Reiseführer für Himmel und Erde. Für das Leben. Für den Glauben. Also steigen Sie ein bitte! Die Fahrt beginnt.

Jürgen Werth

EINFACH LESENS WERTH

1 AUFGESAMMELT

ENTDECKUNGEN AUF DEM WEG

JODELN OHNE JODELDIPLOM

Sie heißt Inge, kommt aus Finnland, ist Reiseführerin in Kairo –
und sie jodelt. So geht ihr auch im wilden Gewimmel des ägyptischen Museums kaum ein Reiseteilnehmer verloren. Gejodelt wird
dort nämlich ausgesprochen selten.

Inge fiel mir ein, als ich las, was Jesus im 10. Kapitel des Johannes-
evangeliums über Hirten und Schafe sagt. Und damit über sich selbst
und über mich. Ein paar Sätze aus diesem Kapitel:

Der Hirte ruft seine Schafe mit Namen und führt sie hinaus. Und
wenn der Hirte alle seine Schafe hinausgelassen hat, geht er vor
ihnen her, und die Schafe folgen ihm nach; denn sie kennen seine
Stimme. Ein Dieb kommt nur, um zu stehlen, zu schlachten und
umzubringen. Ich bin gekommen, damit sie das Leben und volle
Genüge haben sollen. Ich bin der gute Hirte. Der gute Hirte lässt
sein Leben für die Schafe. (aus Johannes 10)

Was Jesus hier beschreibt, ist viel mehr als eine Reisegruppe, es ist
eine Lebens- und Dienstgemeinschaft, eine Vertrauensgemeinschaft.

Und was in Kairo gilt, gilt erst recht im täglichen Leben. Die Frage
ist allerdings, ob ich die Stimme meines Hirten kenne. Ob ich sie he-
raushöre unter den Hunderten von Stimmen, die Tag für Tag meine
Aufmerksamkeit beanspruchen.

Schafe können das, habe ich mir sagen lassen. Sie laufen nicht
einfach irgendjemandem hinterher. Sie kennen genau die Stimme
ihres Hirten. Diese Stimme ist ihnen vertraut. Dieser Stimme vertrauen sie.

In der Zeit der Nazidiktatur vermisste ein Bauer aus dem Mar-
burger Land morgens seine Schafherde. Sie war offenbar gestohlen
worden. Ein Bekannter, den er verzweifelt um Rat fragte, sagte: »Die
findest du garantiert im Schlachthof.« Dorthin machte sich der Bauer
auf. Als er angekommen war, erstarrte er. Nicht ein paar, nein Hun-

derte Schafe drängten sich in einem engen Hof. Wie sollte er da je seine Schafe finden können?

Doch er wusste Rat. Er rief eines nach dem anderen mit Namen. Und eines nach dem anderen löste sich aus der wild zusammengewürfelten Herde.

Und ich? Kann ich die Stimme des guten Hirten Jesus von der Stimme meiner eigenen Wünsche und Träume unterscheiden? Von der Stimme von »Dieben«, die mir das Leben stehlen wollen? Das ist eine Frage der Übung. Und des Vertrauens.

Je besser ich Jesus kennenlerne, desto öfter bin ich bereit, auf ihn zu hören. Weil ich lerne, wie unendlich gut er es mit mir meint. Umgekehrt: Je aufmerksamer ich lausche, je ehrlicher ich nach seinem Willen frage, desto vertrauter wird er mir. Desto vertrauenswürdiger.

Und wie höre ich ihn? Wohl eher selten so wie die Nachrichtensprecherin in der Tagesschau. Es sei denn, es geht um eine außergewöhnliche Berufung. Etwa als der auferstandene Christus den Christenverfolger Saulus zu Boden wirft und ihn zum wichtigsten christlichen Theologen der Weltgeschichte beruft.

Doch meist redet der gute Hirte anders. Leiser. Durch ein Wort aus seinem Wort. Aus der Bibel. Ungezählte Menschen können erzählen, wie sich ein steinaltes Bibelwort für sie plötzlich in eine hochaktuelle und höchstpersönliche Anrede des Hirten verwandelt hat.

Hörer und Zuschauer des ERF schreiben immer wieder: Plötzlich redete da kein Mensch mehr zu mir, sondern Jesus selbst. Der Hirte redet durch Predigten. Durch Hinweise von Menschen, denen ich wichtig bin. Er redet durch Lieder.

Weil er uns liebt. Weil ihm unser Leben wichtiger ist als sein eigenes.

Nein, er jodelt nicht. Aber er redet. Und manchmal flüstert er. Und ich kann hören. Wenn ich die Ohren meines Herzens an seine Stimme gewöhnt habe.

EIN WALD VOLLER GIGANTEN

Du glaubst, du träumst. Kommst dir vor wie Gulliver auf Reisen. Irgendwas stimmt da nicht: Entweder bist du zum Däumling geschrumpft, oder deine Umgebung leidet an Elefantiasis, hat plötzlich gigantische Ausmaße angenommen. Dabei gehst du nur durch einen Mammutwald. In Kalifornien heißen sie Redwoods, Rothölzer. Du hast es vorher nachgelesen, diese Bäume können 1300 Jahre alt werden und mehr als 100 Meter hoch. Doch jetzt, wo du durch einen ganzen Wald dieser Giganten flanierst, tritt die Maßstabsabteilung deines Gehirns in einen befristeten Streik. Auf einmal kommst du dir klein vor, ganz schön klein. Auf einmal fühlst du dich jung, ganz schön jung. Nein, Depressionen kriegst du nicht gerade, aber doch einen Anflug von Identitätskrise: Nimmst du dich nicht viel zu wichtig? Die paar Jahre, die du hier zu leben hast. Deine Pläne. Deine Pleiten. Die Blätter der Baumriesen scheinen dir zuzuwispern: Werde erst mal 1300 Jahre alt, werde erst mal 100 Meter lang, wenn wir dich ernst nehmen sollen.

Komisch, aber plötzlich denkst du über Gott nach, den Ewigen. Was er wohl über dich denken könnte, ob er dich überhaupt zur Kenntnis nimmt? Und dann fällt dir ein, dass das wohl schon andere vor dir gefragt haben mögen.

An eine Antwort, niedergeschrieben vor vielen Tausend Jahren, erinnerst du dich:

Gott weiß, was für ein Gebilde wir sind;
er gedenkt daran, dass wir Staub sind.
Ein Mensch ist in seinem Leben wie Gras,
er blüht wie eine Blume auf dem Felde;
wenn der Wind darübergeht,
so ist sie nimmer da,
und ihre Stätte kennet sie nicht mehr.
Die Gnade aber des Herrn währt

von Ewigkeit zu Ewigkeit
über denen, die ihn fürchten.
Wie sich ein Vater über Kinder erbarmt,
so erbarmt sich der Herr über die,
die ihn fürchten. (Psalm 103,14-17.13)

EIN FOTO – UND DU BIST WICHTIG

Zugfahren in Indien – das ist ein ganz besonderes Abenteuer. Der Bahnsteig voller Menschen, der Zug voller Menschen. Überall liegen sie, sitzen sie, stehen sie. Ein Speisewagen ist überflüssig. Fliegende Händler geben sich die Klinke der Waggontür in die Hand. Nüsse, Früchte, Gebäck, Kaffee, Tee, du hast wirklich die freie Auswahl.

Ich falle auf. Ich bin weiß. Mancher lächelt mir freundlich zu. Einer tut so, als hätte er einen Fotoapparat, mit dem er fotografiert. Endlich verstehe ich: Er möchte, dass ich ihn fotografiere. Kein Problem. Das finden die anderen aufregend. Jeder möchte gern aufs Bild. An der nächsten Station steigt eines meiner Fotomodelle aus, ein junger Mann. Er kommt noch einmal an meinen Waggon und streckt mir die Hand zu durchs vergitterte Fenster: »Thank you«, strahlt er.

Warum?, denke ich erst, dann ist es mir klar: Ich habe ihn fotografiert. Einen Augenblick lang war er wichtig. Einen Augenblick lang stand er im Mittelpunkt. Etwas Besonderes in einer Gesellschaft von rund einer Milliarde Menschen, in der der Einzelne oft herzlich wenig gilt. Ich habe ihn angesehen, ich habe ihm ein Stück Ansehen gegeben. Und damit etwas, was ihm zusteht: Er ist ein Mensch, ein einzigartiger, ein unverwechselbarer Mensch, so wie ich auch. Geschöpf eines Schöpfers, Ebenbild Gottes.

AUF DEM ABSTELLGLEIS

Mensch, war ich müde. Schon nach zwei Stationen fielen mir die Augen zu. Als ich sie wieder aufschlug, fuhr mein Zug gerade aus dem Bahnhof, an dem ich hätte umsteigen sollen. Auch das noch. Die nächste Station lag zum Glück nur ein paar Kilometer hinter der verschlafenen. Schnell raus und einen Blick auf den Fahrplan. Erfreulicherweise stand auf dem gegenüberliegenden Gleis ein Zug, der mich in ein paar Minuten zurückbringen würde. Eigentümlich war es schon, aber das kann ja passieren.

Pünktlich setzte sich mein Zug in Bewegung. Allerdings ein bisschen langsamer als üblich und auf ungewöhnlich holprigen Gleisen. Komisch, er gewann nicht an Fahrt, im Gegenteil, er wurde immer langsamer. Nach drei oder vier Minuten blieb er ganz stehen.

Als ich aus dem Fenster schaute, blickte ich in die Augen eines Bahnarbeiters, der gerade aus der Lok geklettert kam: »Was machen Sie denn da?«, fragte er mich, »wir sind hier auf dem Abstellgleis.«

Der Irrtum klärte sich schnell auf. Der erste Teil des Zuges war dorthin gefahren, wohin ich wollte, der zweite abgehängt und abgestellt worden. Zum Glück hatte der Bahnarbeiter seinen guten Tag und fuhr mich mit der Lok zurück zum Ausgangspunkt. Von dort ging's dann mit dem richtigen Zug glücklich dahin, wo ich eigentlich hätte aussteigen und umsteigen sollen. Eine gute Stunde später war ich schließlich da, wohin ich wollte.

Eigenartig, wenn man aufs Abstellgleis gerät, denke ich noch heute manchmal. Nur gut, wenn du dann einen Menschen hast. Was nicht nur für Bahnhöfe gilt. Ich habe mir jedenfalls vorgenommen, die Abstellgleise des Lebens etwas aufmerksamer zu beobachten. Lernen kann ich dabei von einem, der eine Schwäche für Menschen auf Abstellgleisen hatte: Jesus von Nazareth. Wie sagte er doch einmal: »Nicht die Gesunden brauchen den Arzt, sondern die Kranken« (Lukas 5,31).

BOOT IN NOT

Manchmal passiert es mittags: Über dem See Genezareth steigt die heiße Luft langsam nach oben und macht so Platz für Fallwinde von den Golanhöhen, vom Hermon und vom Libanongebirge. Dann verwandelt sich der friedliche See in ein sturmgepeitschtes Meer.

Auf diesem See entdeckten die Leute, die mit Jesus gingen, zum ersten Mal, dass er sogar die Elemente beeinflusst, ja beherrscht. Sie waren unterwegs vom einen Ufer zum anderen, als sie plötzlich von einem solchen Sturm überrascht wurden. Der Evangelist Matthäus vermerkt lakonisch: »Aber Jesus schlief.« Seine Leute wurden indes schier verrückt. Als alles nichts mehr half, weckten sie ihn. Jesus stand auf und bedrohte den Wind und das Meer. Da wurde es ganz stille.

Es war nicht irgendeine Bootsfahrt. Sie waren unterwegs zum östlichen Ufer des Sees Genezareth, in das Gebiet der sogenannten »Zehn Städte«, in heidnisches Land also. Auch dort wollte Jesus die Liebe Gottes bekannt machen.

Man kann den Sturm somit auch tiefer begreifen als ein rein meteorologisches Ereignis, als Versuch der gottfeindlichen Mächte nämlich, den Wirkungskreis Jesu einzugrenzen. Die Geschichte von der Sturmstillung bekommt so für mich noch eine andere Bedeutung: Jesus ist nicht nur der Herr über die Elemente, nicht nur Herr über Wind und Wetter. Jesus ist auch Herr über alles, was sich der Liebe Gottes in den Weg stellt. In meinem Leben, in der Welt. »Dass Jesus siegt, bleibt ewig ausgemacht« (Johann Christoph Blumhardt).

HAUPTSACHE ANKOMMEN!

Sie nennen ihn den feurigen Elias. Das ist nun wirklich übertrieben, denn es ist alles andere als feurig, wenn er sich über die Schienen der korsischen Eisenbahn bewegt. Diese Schienen wirken wie zwei zittrig durchs Land gezogene Linien, die nicht genau zu wissen scheinen, ob sie beieinanderbleiben wollen oder nicht. Setz dich möglichst in den Triebwagen und nicht in den Anhänger, dort nämlich könntest du dir leicht einen Bandscheibenvorfall holen.

Eine Fahrt mit dem feurigen Elias ist ein Ereignis. Natürlich gibt der Fahrplan nur ungefähr an, wann du mit seiner Ankunft rechnen kannst, manchmal stehen Kühe auf den Schienen oder Schafe, und die sind mindestens so stur wie ihre Hirten. Manchmal ist irgendwo ein Felsbrocken auf die Gleise gepoltert, und den müssen Lokführer und Schaffner erst einmal aus dem Weg räumen. Doch scheint das hier niemanden so richtig aufzuregen. Heimkommen ist wichtiger als pünktlich ankommen.

»Laschagore«, sagen die Korsen, was man frei übersetzen könnte mit dem deutschen Ausspruch: »Komm ich heut nicht, komm ich morgen.« Dabei ist das gar kein typisch deutscher Ausdruck, möchte ich kühn behaupten, eher ein typisch korsischer. Aber Hand aufs Herz: Kommen wir wirklich schneller ans Ziel mit unserem Pünktlichkeitswahn, oder sind wir nicht zuweilen Sklaven unserer digitalen Funkuhren geworden?

Manchmal weiß ich nicht so recht, was besser ist. Manchmal weiß ich nicht so recht, was gesünder ist.

Jedenfalls setze ich mich in Gedanken zuweilen in den feurigen Elias und fahre, sagen wir, von Calvi nach Bastia. Dann denke ich darüber nach, ob es wirklich so wichtig ist, was sich als so dringend gebärdet. Und denke an einen Satz aus der Bibel: »Alles, was auf der Erde geschieht, hat seine von Gott bestimmte Zeit« (Prediger 3,1; GNB).

Und weiter:

»Das Beste, was der Mensch tun kann, ist, sich zu freuen und sein Leben zu genießen, solange er es hat. Wenn er aber zu essen und zu trinken hat und genießen kann, was er sich erarbeitet hat, dann verdankt er das der Güte Gottes« (Verse 12-13).

DER MANDELZWEIG TRÄGT WIEDER BLÜTEN

Ginge der alte König David heute über den Dizengoff Boulevard in Tel Aviv, er würde die Sprache der Menschen verstehen. Wenigstens das meiste, was sie so reden. Und setzte er sich in ein buntes Straßencafé, holte die alte Leier aus dem Gepäck und finge an, einen seiner alten Psalmen zu singen, die Menschen könnten mitsingen. Das neue Hebräisch, Ivrit genannt, ist das alte Hebräisch. Diese Sprache hat die Jahrtausende überlebt. In den ärmlichen Synagogen der osteuropäischen Stedtl und in den dunklen Gebetsräumen in Palästina. Ja, so hieß Israel über Jahrhunderte, genannt nach den ärgsten Feinden der Juden, den Philistern.

Bittere Geschichte. Bittere Gegenwart. Denn der Krieg mit den Philistern geht weiter. Und das schönste und klangvollste hebräische Wort klingt immer noch wie ein Fremdwort: Schalom. Friede. Nein, eigentlich viel mehr als das: Wohlergehen, Geborgenheit, Harmonie, Glück, Zukunft, eins sein mit sich selbst, mit den Menschen, mit Gott. Gott. Ja, Israel ist sein Land. Mehr als jedes andere Land dieser Erde. Ausgesucht als Modellfall seiner Liebe. Nicht weil dieses Land größer war – es war kleiner. Nicht weil die Menschen, die in diesem Land lebten, frömmer waren – sie waren aufsässiger. Aber wohl doch auch gerade deshalb.

Gottes Liebe nährt sich nicht aus dem Gegenüber. Gottes Liebe nährt sich aus seinem Herzen. Und so zeigt Gott gerade hier, dass sich die Menschen auf diese Liebe verlassen können, was ein Geheimnis ist. Das Geheimnis des Glaubens.

In der Zeitenwende nimmt es unüberbietbar eindrucksvoll Gestalt an. Ein kleines Kind kommt bei kleinen Leuten zur Welt, liegt in einem kleinen Futtertrog in einer kleinen Viehhöhle, wird von den wirklich kleinen unbedeutenden Schafhirten unbeholfen willkommen geheißen, muss schon bald nach der Geburt fliehen, weil ein Großer Angst um seine Macht hat, lernt den Beruf des Zimmermanns in der kleinen Werkstatt seines Vaters, zieht dann drei Jahre lang durchs Land, um für die Kleinen zu predigen und sie zu heilen, und wird am Ende zwischen zwei Kleinen an einem römischen Kreuz hingerichtet.

Ein Verlierer? Ein Sieger! Der Sieger, der wahre Mensch, der wahre Gott, besiegt den Hass durch Liebe, besiegt den Tod durch Sterben, überwindet die Gottesferne der Menschen, indem er sich selbst in den Riss stellt. Und besiegelt das Unvorstellbare durch seine Auferstehung und durch seine Himmelfahrt. »Von dort wird er kommen …« Zeitenwende. Hier ist sie passiert. In Israel zwischen Meer und Wüste. Kann man dieses Land eigentlich nicht nicht lieben, wenn man Gott liebt, wenn man von seiner Liebe überwältigt wurde?

Dabei gibt es hier so viel Nichtliebenswertes wie damals, wie immer. Ein Rabbiner sagte einmal: »Hier sind alle verrückt. Die Juden sind verrückt nach der Westmauer des Tempels. Die Christen sind verrückt nach der Grabeskirche, die Muslime sind verrückt nach dem Felsendom.« Pause. »Und Gott ist verrückt nach ihnen allen.«

»Sieh doch, dass dies Volk dein Volk ist«, sagte Mose einst zu Gott (2. Mose 33,13). Und Paulus, der aus diesem Volk stammt, schreibt den Christen in Rom: »Gott hat sein Volk nicht verstoßen, das er zuvor erwählt hat« (Römer 11,2).

Wir gehören dazu, wir Christen. Eingepfropft in den Mandelbaum, der wieder leuchtende Blüten trägt.

Leise und geheimnisvoll schreibt Gott die Weltgeschichte weiter …

ZWEI BERGE

Willst du auf diesen Berg, musst du früh aufstehen. Spätestens um drei wartet dein Führer auf dich. Ohne ihn würdest du den Weg zum Gipfel verfehlen. Warum so früh? Weil du vor dem Sonnenaufgang oben sein solltest. Und weil es danach erbarmungslos heiß wird. Du bist mitten in der Wüste Sinai. Und der Berg, auf den du steigen möchtest, ist der Djebel Mussah, der Mosesberg. Hier hat Gott Mose die Zehn Gebote anvertraut. Seine Regeln fürs Leben, fürs Zusammenleben, fürs Überleben.

Du gehst los, schweigend und müde. Der Weg schlängelt sich sanft den Berg hinauf. Nach einer guten Stunde aber wird es steiler, immer steiler. Wirst du's schaffen? Kurz bevor die Sonne über die Gipfel der umliegenden Berge klettert, bist du oben. Und du ahnst, wie es wohl dem alten Anführer des Volkes Israel zumute gewesen sein muss, als er ganz allein hier oben stand. Allein vor seinem Gott. Wie du an diesem Morgen. Du betest. Auch um Vergebung. Denn allzu oft hast du dich nicht an die Regeln dieses Berges gehalten.

Die schweißtreibende nächtliche Wanderung ist einer der Höhepunkte deiner Israelreise.

Ein paar Tage später folgt ein weiterer. Und wieder ist es ein Berg. Doch diesmal bist du nicht allein. Tausende von Touristen aus aller Welt drängen und schieben hierher. Du bist in der Grabeskirche, die man über dem Felsen errichtet hat, der einmal Golgatha war. Hier haben sie das Kreuz in den Felsen gerammt, an dem der Sohn Gottes stellvertretend für die Gesetzlosigkeit der Menschen gestorben ist. Auch für deine, das weißt du. Und du kannst kaum glauben, dass Gott so völlig unerwartet ein völlig neues Kapitel der Weltgeschichte aufgeschlagen hat. Deiner Geschichte. Und die Überschrift heißt Gnade. Heißt Barmherzigkeit und Vergebung. Und du staunst und du dankst.

Und plötzlich freust du dich auch über die unzählbar vielen Menschen, die hierherströmen. Und du betest, dass sie wie du die liebevoll ausgestreckte Hand Gottes ergreifen. Die Hand, die Christus heißt.

EIN GEBET VORM BUS

Mit mehreren Bussen waren wir unterwegs Richtung Marrakesch. Es ging quer durch die marokkanische Wüste. Das Reisebüro hatte einen Reservebus mitgeschickt, falls es unterwegs eine Panne geben sollte. Das war eine kluge Entscheidung. Denn tatsächlich blieb einer der Busse auf der Rückfahrt liegen.

Der Reservebus war allerdings keine wirkliche Hilfe. Er hatte die Rückfahrt von Marrakesch als Erstes angetreten ... Doch das ist eine andere Geschichte.

Ich möchte stattdessen diese kleine Episode erzählen. Denn der Fahrer dieses ausgefallenen Busses machte nicht etwa als Erstes die Motorhaube auf. Nein, er holte sich seinen kleinen Gebetsteppich, kniete sich neben den Bus Richtung Mekka und begann zu beten.

Die anderen im Bus, deutsche Touristen, Christen zumeist, waren amüsiert und irritiert. Was bedeutet denn das, wenn ein Busfahrer betet? Ist das nicht ein Zeichen dafür, dass die Lage ausgesprochen hoffnungslos ist? Oder bedeutet es etwas anderes? Nämlich dass nichts so sehr hilft wie beten? Hat dieser Muslim den Christen damit nicht ungewollt eine kleine Lektion erteilt?

Eine andere Begebenheit: Ein Freund berät Regierungen in aller Welt in Sachen Medien und Kommunikation. Vor einiger Zeit war er in Indonesien und stellte fest: Sobald der Muezzin vom Minarett zu singen begann, unterbrachen seine Gesprächspartner ihre Arbeit und widmeten sich dem Gebet.

Der Freund sagte später zu einem seiner indonesischen Gesprächspartner: »Ich wollte, das wäre bei uns Christen auch so.« Worauf der Indonesier verschmitzt antwortete: »Ich bin froh, dass es nicht so ist. Wer weiß, welche Kraft ihr dann auf einmal bekommen würdet.«

Ich denke an Daniel. »Er hatte aber an seinem Obergemach offene Fenster nach Jerusalem, und er fiel dreimal am Tag auf seine Knie, betete, lobte und dankte seinem Gott« (Daniel 6,11).

Fromme Juden halten es bis heute wie fromme Muslime. Gebete

sind ein fester Bestandteil des Alltags. Bei den Juden ist das Gebet an die Stelle des Opferdienstes im Tempel getreten. Sie nennen das Gebet zuweilen: »Lobopfer mit den Lippen«.

Ich finde, viele von uns Christen können davon eine Menge lernen. Es hilft, regelmäßige Zeiten für das Gebet zu reservieren. Für den stillen Umgang mit Gott. Beim Aufstehen zum Beispiel. Beim Zubettgehen. Zum Beginn der Mahlzeiten. Klar, solche Gebetsübungen können zu leeren Ritualen verkommen. Doch vielleicht ist auch das richtig: Wer nicht regelmäßig betet, betet irgendwann überhaupt nicht mehr.

Ich beginne meinen Tag in der Regel mit Luthers Morgensegen. Und ich schließe ihn in der Regel mit Luthers Abendsegen. Ich bete jeden Tag das Vaterunser. Ich bete zu Tisch. Und immer wieder erinnern mich die Glocken des nahen Kirchturms daran, meine Gedanken von aller irdischen Belanglosigkeit loszureißen und Richtung Himmel zu wenden.

Ich darf immer mit Gott reden – klar. Ich brauche dazu keine festen Gebetszeiten. Ich darf ihm alles sagen, was ich auf dem Herzen habe – klar. Ich brauche dazu keine vorformulierten Texte. Und doch ist beides oft eine große Hilfe gerade in Zeiten, in denen ich besonders beschäftigt bin, in denen ich besonders schwere Probleme zu bewältigen habe, in denen ich besonders schwach und angeschlagen bin. Dann nämlich kann ich erleben, dass feste Zeiten und feste Texte wie ein Sessellift sind, der meine Seele mitnimmt zu Gott, zu meinem Vater, der mich unendlich lieb hat und für den kein Problem meines Lebens unlösbar ist.

WARUM HABEN DIE GRIECHEN UND RÖMER SO VIELE RUINEN GEBAUT?

Bei Kreuzfahrten kursiert zuweilen eine amüsante Liste mit den zehn meistgestellten Fragen. Zum Beispiel: Kommt das Fernsehen hier an Bord eigentlich über Satellit oder über Kabel? Oder: Schläft die Mannschaft eigentlich auch an Bord?

Eine Frage, die mir besonders gut gefällt, heißt: Warum haben die Griechen und Römer eigentlich so viele Ruinen gebaut?

Es ist ja auch wirklich so. Gerade wenn man durch den Mittelmeerraum fährt und historische Stätten besucht, wandert man Tag für Tag durch endlose Ruinenfelder. Man bekommt erklärt, was hier irgendwann einmal gestanden hat und wie das ausgesehen hat. Manchmal überkommen mich in solchen Momenten melancholische Gefühle. Und ich stelle mir vor, dass irgendwann einmal in 100 oder 1000 Jahren jemand durch meine Stadt geht und ein Reiseführer erklärt, was hier für Gebäude gestanden haben und was für Menschen hier gelebt haben. Dazu braucht man nicht einmal viel Fantasie. Denn alles, was Menschen bauen, was sie errichten, was sie zustande bringen, fällt irgendwann dem berühmten Zahn der Zeit zum Opfer. Das gilt für große Gebäude. Das gilt für die kleinen Schätze des Alltags. Das wunderschöne Auto, von dem ich ein paar Monate geträumt habe, wird in zehn oder spätestens zwanzig Jahren irgendwo zu einem handlichen Metallquader gepresst werden.

So ist das in dieser Welt. So ist das mit unserem Leben. Der Prediger, jener bedeutende Philosoph aus dem Alten Testament, mag Ähnliches gedacht haben. Immer wieder kommt in seinem kleinen Buch der Satz vor: »Alles ist eitel.« Will sagen: Alles ist vergänglich und ein Haschen nach Wind.

Aber dann wendet der Prediger seinen Blick auf den ewigen Gott und ruft plötzlich voller Erstaunen aus: »Alles, was Gott tut, das besteht für ewig; man kann nichts dazutun noch wegtun« (Prediger 3,14).

Also: Was wir Menschen tun, ist zeitlich, hat seine zeitliche Bedeutung, seinen zeitlichen Wert. Was Gott tut, ist ewig, hat seine ewige Bedeutung, seinen ewigen Wert. Der Prediger indes und all die anderen Autoren des Alten und Neuen Testaments gehen noch einen Schritt weiter. Sie sagen uns Menschen: »Macht euer vergängliches Leben beim ewigen Gott fest. Dann bekommt plötzlich auch euer Leben Ewigkeitsbedeutung.«

AUSGEBRANNT IN DALLAS

Flughafen Dallas. Spät am Abend. Vor drei Tagen haben wir unseren niedlichen Ford Festiva hier abgestellt, um zu Freunden von Freunden nach San Francisco zu fliegen. So macht man das in den USA. Jetzt stehen wir ratlos auf einem der vielen Parkplätze. Wo hat sich der kleine Kerl nur versteckt?!

Endlich haben wir ihn entdeckt, eingekeilt zwischen bulligen Pickups. Wie Gulliver bei den Riesen. Erleichtert setze ich mich hinters Steuer, stecke den Schlüssel ins Zündschloss, drehe und – erstarre. Nichts. Nicht mal der leiseste Versuch des Anlassers, das kleine Motörchen in Gang zu setzen. Und dann ein Blick auf den Lichtschalter. Der steht auf »On«. Nicht erst seit eben. Nein, seit drei Tagen! Batterie leer. Aber so was von leer! Was tun? Den amerikanischen ADAC anrufen. »Triple A« nennen sie ihn hier, weil er sich »AAA« abkürzt. Aber komm du mal mit texanischen Telefonen zurecht. Mit automatischen Frage-und-Antwort-Spielchen. No chance!

Als plötzlich eine Stimme hinter mir fragt: »Do you need help?« O ja! Und wie! Aber was heißt »Starthilfekabel« auf Englisch? Oder gar auf Texanisch? Genau. »Jumper cables«, weil's ja streng genommen zwei sind. »Ah, you need a jump! Where's your car?« Und dann holt er seinen gewaltigen Pick-up, stellt ihn vor unseren Kleinen und öffnet die Motorhaube. Unser Auto muss einen gewaltigen Schreck bekommen haben. So ähnlich wie Jona vor dem riesigen Fischmaul. Aber auch hier bedeutet der geöffnete Schlund Rettung. Kabel anschließen, anlassen – und der Kleine schnurrt so wohlig, als hätte ihm nie auch nur irgendetwas gefehlt.

Ach, was sind die Texaner doch nett!

»Thank you so much!«

»You're welcome!«

Ohne Probleme kommen wir in unser Domizil. Weil ein Großer einem Kleinen einen Jump gegeben hat.

Manchmal denke ich: Dafür gibt's Freunde. Dafür gibt's eine Familie. Dafür gibt es Gemeinde. Dass einer einem anderen einen Jump gibt, wenn die Batterie leer ist. Texas ist auch in Hückeswagen.

Übrigens war ich in Texas, weil's mir über Monate und Jahre nicht sehr viel anders gegangen war als dem kleinen Ford Festiva. Zu lange geleuchtet, zu lange gestrahlt – bis die Batterie leer war. Burnout nennt man das. Ausgebrannt. Texas hat geholfen. Die Menschen in Texas haben geholfen. Gott in Texas hat geholfen.

Wenn nichts mehr geht, musst du mal weg. Abstand schaffen. Das Alte zurücklassen. Neues sehen. Neues denken. Durchatmen. Aufatmen.

Was ich seitdem immer wieder mal mache. Wenn ich mich selbst immer häufiger stöhnen höre: »Ich kann nicht mehr, und ich will nicht mehr!« ist Texaszeit. Das kann auch ein stilles Kloster an der Weser sein. Oder eine Hütte im Wald. Oder ein Strandkorb an der Nordsee. Man muss sich regelmäßig einen Urlaub für die Seele genehmigen. Und für den Körper. Wer die Stille sucht, findet sich selbst. Und Gott. Und kriegt vielleicht einen Jump.

UND WIR DENKEN: WIR TRÄUMEN

Siehst du den Ort dort drüben? Da, wo gerade die Sonne untergeht? Das ist Bethlehem! Friedlich liegt die kleine Stadt auf den Hügeln Judäas. Doch der Schein trügt. Er hat meist getrogen. Die Idylle war hier selten zu Haus. Nein, auch dort unten nicht, wo Schafe und Ziegen blökend über dürre Weiden ziehen. Die Wüste ist nah. Ganz nah. Und das Elend. Und der Krieg. Und die Verzweiflung.

Wie vor 2000 Jahren. Bethlehem ist eine besetzte Stadt in einem besetzten Land. Römische Soldaten überall. Anschläge und Vergeltung. Ohnmächtiger Zorn. Und wenig Hoffnung auf Veränderung.

Stell dir vor, wir sind Hirten, hier vor den Toren Bethlehems. Vor den Toren der besseren Gesellschaft. Ein Leben zwischen Widerstand und Ergebung. Ohne Erwartungen ans Leben, an Gott.

Als plötzlich der Himmel aufreißt. Und eine Lichtgestalt erscheint, ein Engel: »Ich habe eine gute Nachricht für euch, ein Evangelium! Gott ist zur Welt gekommen! Der Heiland ist geboren! Für euch! Er kann alles zurechtbringen! Euer Leben und die Welt! Geht ihn suchen! Er ist – ein Baby!«

Und der Himmel hängt auf einmal nicht nur voller Geigen. Er ist Musik pur. Und Licht und Leben. Und Farbe und Fröhlichkeit. Und wir beide, du und ich, wir denken: Wir träumen. Und machen uns doch auf den Weg. Und finden ihn, den Heiland, den Erlöser. Gott. In einem Futtertrog. Ein Baby! Wirklich und wahrhaftig ein Baby!

Nein, ich bin kein orientalischer Märchenerzähler! Genau so ist es passiert. Vor 2000 Jahren.

Aber so ist er nun einmal, der Gott, an den wir glauben, der Schöpfer des Universums, der Herr der Welt: immer anders, immer überraschend! Klein macht er sich, ganz klein. Kommt herunter. Lässt sich herab. Verzichtet auf Glanz und Gloria, auf Pomp und Pracht. Wird einer wie wir. Ja, weniger als wir. Damit niemand mehr sagen kann: Du bist mir zu groß! Du bist zu weit weg! Du verstehst mich nicht! Wie solltest du mich lieben!

Er will nicht länger der Gott der Macht sein. Er ist der Gott der Liebe! Ein Gott für Menschen. Für mich und – für dich!

Du sagst nichts mehr? Da kann man auch nichts mehr sagen. Da kann man nur staunen. Und beten.

EINFACH
LESENS
WERTH

2 GESUNGEN UND GEPFIFFEN

GEDANKEN IN DUR UND MOLL

WAS FÜRS LEBEN

Es war eine Zugabe zu meiner Konfirmation, ein Baustein mehr für meine damals noch sehr dünn bestückte Plattensammlung. Da stehe ich in meinem Zimmer und lege das Werk auf. Singles kosteten 4 Mark damals. Der, der sie mir feierlich überreicht hat, steht hinter mir. Ich bin gespannt, was er sagt. Er verzieht keine Miene. Doch dann sagt er, worauf ich gehofft habe: »Schön.«

Heute weiß ich: Er kann dieses Lied nicht schön gefunden haben, er mochte Märsche und Volksmusik. Doch er wollte mich nicht enttäuschen. Er hatte mich gern. Ich war sein Enkel. Ich hatte ihn auch gern. Er war mein Opa. 1965 war das.

»Schön«, sagte Opa noch einmal und ging zurück ins Wohnzimmer zu den anderen Konfirmationsgästen. Ich habe die Platte an diesem Tag noch ein paar Mal gehört und hörte zwischen den Takten immer wieder mal Opas »Schön«. Er war zufrieden, weil mir die Platte gefiel. Ich war zufrieden, weil er zufrieden war. Ich wusste, die 4 Mark hatte er von seinem eher spärlichen Taschengeld abgezweigt.

Ganz andere Lieder enthielt das »eigentliche« Geschenk meiner Großeltern. Ein kleines in Leder gebundenes Gesangbuch mit Goldschnitt. Mit eingeklebtem Namenszug. »Was fürs Leben«, sagte meine Oma.

Was hat länger gehalten? Die Platte wanderte irgendwann völlig verkratzt in die Mülltonne. Das Gesangbuch machte einer neuen Ausgabe Platz. Doch beides ist noch da, in meinen Gedanken und in meinen Gefühlen. Das Gesangbuch vor allem »fürs Leben«. Es ist viel mehr als sentimentale Erinnerung an den Tag der Konfirmation. Manches Lied aus diesem Buch hat mir über manche Durststrecke hinweggeholfen. Zum Beispiel dieses: »Befiehl du deine Wege und was dein Herze kränkt, der allertreusten Pflege des, der den Himmel lenkt. Der Wolken, Luft und Winden gibt Wege, Lauf und Bahn, der wird auch Wege finden, da dein Fuß gehen kann.« Ich entdecke es immer wieder neu als Fundgrube tiefsinniger Gedanken und als Inspirationsquelle für den Glauben.

FAULER SONNTAGNACHMITTAG

Die Sonntagnachmittage waren das Schlimmste. Die »Small Faces« sangen mir aus dem Herzen: »Lazy Sunday Afternoon« – fauler Sonntagnachmittag. Die Sonntagnachmittage rochen nach sauberer Küche, nach Kaffee und Kuchen im Wohnzimmer, nach Spaziergang durch die Parkstraße, in Sonntagskleidung, und das hieß in der Regel: mit einer Hose, die kratzte. Sonntagnachmittage waren langweilig und unbequem. Damals, als ich 15 war.

Zwei Samstage hintereinander, dagegen hätte ich nichts einzuwenden gehabt. Die Läden geöffnet, die Freunde frei. Am Nachmittag im Radio Fußball, am Abend im Fernsehen Frankenfeld.

Heute, einige Jahrzehnte später, liebe ich den Sonntag. Beine hoch und ein bisschen Musik hören, Kaffee und Kuchen, spazieren gehen, sich mit lieben Freunden treffen. Werde ich langsam alt?

Oder liegt's schlicht daran, dass ich im Laufe der Jahre kapiert habe, warum es überhaupt einen Sonntag gibt? Und weil ich den Erfinder des Sonntags entdeckt habe: niemand Geringeren als Gott selbst. »Gott ruhte am siebten Tag von allen seinen Werken, die er gemacht hatte«, notiert der Schöpfungsbericht (1. Mose 2,2).

Ruhe am siebten Tag, die will Gott auch seiner Schöpfung gönnen. Warum? Romano Guardini hat das schön formuliert: »Weil er der Tag der Ruhe ist, ohne den der Mensch unmenschlich wird«, schreibt er. »Und weil sich der Mensch an diesem Tag seiner Würde ganz neu bewusst werden soll. Er ist Gottes Geschöpf und Gottes Ebenbild. Und er wird von ihm gehalten. Und weil der Mensch an diesem Tag besonders an Gott denken soll. An den anderen Tagen kommt er nämlich viel zu selten dazu.«

WENN ICH EINMAL REICH WÄR ...

Auf die Sonnenseite des Lebens hat's ihn nun gerade nicht verschlagen. Tevje, der Milchmann, lebt mehr schlecht als recht im kleinen russischen Ort Anatevka. Doch er ist keine Ausnahme. Den anderen geht es nicht wesentlich besser.

Anatevka ist ein Stetl, ein jüdischer Ort mitten in russischer Umgebung. Ab und zu fegt ein Pogrom durch ihre Straßen, kühlen betrunkene Russen ihr Mütchen an schreienden und auseinanderstiebenden Juden. Doch damit, würde Tevje vielleicht sagen, damit kann man leben. Schlimmer ist, dass der Herr ihm fünf Töchter geschenkt hat. Töchter und keinen Sohn. Töchter kosten Geld. Wenn man ihnen eine anständige Partie verschaffen will, muss man ihnen eine ebenso anständige Mitgift in die Aussteuer packen. Solche anständigen Partien werden vermittelt. So war's schon immer. Tradition!

Mehrmals scheint Tevje den Richtigen gefunden zu haben. Doch die Töchter pfeifen auf Partie und Mitgift. Sie suchen sich ihre Männer selbst aus. Ganz schön modern, die Mädels! So muss sich Tevje, der Milchmann, von seinen Blütenträumen verabschieden. Am Ende sogar von seinem geliebten Anatevka: Die Juden werden vollständig und endgültig vertrieben. Tevjes Familie zieht zu einem Verwandten nach Amerika. Doch der Zuschauer dieses Musicals ahnt schon, dass es auch dort wohl kaum so sein wird, wie es sich Tevje erträumt.

Ein fröhlich-trauriges Stück Theater. Vielleicht eines der bewegendsten Musicals aller Zeiten. Was bleibt, wenn alles anders kommt? Was bleibt, wenn alles schiefgeht?

Ich würde Tevje gern an einen alten Psalmvers erinnern:

»Selbst wenn alle meine Kräfte schwinden und ich umkomme, so bist du doch, Gott, allezeit meine Stärke. – Ja du bist alles, was ich habe« (HFA) – Vers 26 aus Psalm 73, den Hunderttausende von Juden gebetet haben – und Christen. Einen Psalmvers, der Mut zum

Leben macht. Zum Weiterleben, zum Überleben. In einem alten christlichen Choral wird dieser Gedanke so ausgedrückt: »Wenn wir dich haben, kann uns nicht schaden Teufel, Welt, Sünd oder Tod« (Cyriakus Schneegaß).

SONNENUNTERGANG AUF DEM
SUNSET BOULEVARD

Soll man weinen? Soll man lachen? Norma Desmond ist übrig geblieben, passt so überhaupt nicht mehr in die Zeit. Alle wissen's, alle sehen's. Alle – bis auf Norma Desmond. Die lebt in der Vergangenheit. Ihr Haus ist mit Bildern und Trophäen aus glücklicheren Tagen geschmückt. Jeden Abend ergötzt sie sich an ihren alten Stummfilmen. Norma Desmond – ein Star, der schlicht vergessen hat zu sterben.

Um sie, um ihre Geschichte geht's in Andrew Lloyd Webbers Musical »Sunset Boulevard«. Einen jungen Drehbuchautor angelt sie sich. Mit ihm erhofft sie das große Comeback. Doch ihre Zeit ist vorbei. Lang schon war es »Time to Say Good-Bye«, doch sie hat es einfach nicht gehört.

Soll man weinen? Soll man lachen? Ein bisschen betreten geht der Musical-Besucher nach Hause. Grübelt vielleicht noch eine Weile über die Frage, ob es ihm nicht zuweilen ähnlich geht.

Da hätte einer längst einen neuen Lebensraum betreten müssen, doch er mag sich vom Alten nicht verabschieden. Da kann eine vielleicht nicht älter werden. Gibt und kleidet sich auch mit fünfzig noch wie eine mit fünfundzwanzig. Da mag einer die Arbeit nicht aus der Hand legen, die Verantwortung, und merkt nicht, wie er nach und nach zur tragischen Figur verkommt. Norma Desmonds gibt's halt überall, nicht nur auf der Musical-Bühne. Was soll man ihnen raten?

Was will ich mir selbst hinter die Ohren schreiben? Dass ich mich kritisch beobachten will. Dass ich mich, wenn es Zeit ist, von Lebensträumen verabschieden muss. Dass ich Freundschaften pflegen will, damit sie mir dabei helfen. Dass ich nach Inhalten für mein Leben suchen will, die nicht welken wie der Ruhm eines Filmstars.

Mir hilft dabei ein uraltes Buch, die Bibel. Die stellt mein Leben und unser aller Leben unter einen weiten, ewigen Horizont, den Horizont der Liebe Gottes. »Wer den Willen Gottes tut, der bleibt in Ewigkeit« (1. Johannes 2,17).

Ein Vers für Norma Desmond. Ein Vers für uns alle.

DAS PHANTOM DER OPER

Irgendwann reißt sie ihm die Maske vom Gesicht und – ist entsetzt: Wie kann man nur so hässlich sein? Hässlich und – einsam. Das Phantom der Oper ist eine der ungezählten Variationen zum Thema »Die Schöne und das Biest«. Seit Jahren zieht das Musical Tausende von Besuchern in seinen Bann, nicht zuletzt in Hamburg und in Basel. Irgendwo tief unten in den Gewölben der Pariser Oper hat der Hässliche ein eigenes bizarres Reich geschaffen. Dorthin versucht er, die junge Opernsängerin zu entführen, in die er sich verliebt hat. Es gelingt. Das Glück kann nur von kurzer Dauer sein. Nachdem ihm die Schöne die Maske vom Gesicht gerissen hat, stirbt er. Die schaurig-schöne Geschichte findet ihr schaurig-schönes Ende.

Vor ein paar Jahren war ich in der Pariser Oper, der echten. Ein bisschen Gänsehaut hatte ich schon, zugegeben. Aber es war kein Phantom zu sehen, nur Touristen und Angestellte.

Doch wer weiß schon, was sich hinter den Kulissen abspielt oder unten in den mehrstöckigen Kellergewölben, die es tatsächlich gibt. Und wer ahnt schon, dass mancher Mensch, dem man begegnet, eine dunkle Lebensgeschichte zu bewältigen hat. Man sieht halt nur, was man sieht, was augenfällig ist. Da sind wir Menschen anders als Gott. Die Bibel drückt das so aus:

»Ein Mensch sieht, was vor Augen ist; Gott aber sieht das Herz an« (1. Samuel 16,7).

Will sagen: Gott blickt tiefer. Ihm kann man nichts vormachen. Er blickt hinter die Kulissen. Sieht auch bis in die tiefsten Kellergewölbe. Gut, dass das so ist, sonst gäb's keine Hoffnung in dieser Welt – nicht fürs Phantom, nicht für mich.

JESUS CHRIST SUPERSTAR

Dieses Musical war der Beginn der einzigartigen Karriere Andrew Lloyd Webbers: »Jesus Christ Superstar«. Bald 50 Jahre alt ist dieses Werk, aber es ist kein bisschen veraltet. Das liegt an der Musik. Aber mehr noch an der Geschichte, die es erzählt. Die Geschichte eines Mannes, dessen zweitausendsten Geburtstag wir vor einiger Zeit gefeiert haben: Jesus, Zimmermannssohn aus dem galiläischen Nazareth, Sohn Gottes.

Einen sehr menschlichen Jesus zeichnet Andrew Lloyd Webbers Musical. Einen, der es zwar durchaus gut meint, der aber den Widrigkeiten des Lebens nicht so recht gewachsen ist. Am Ende steht die tragische Hinrichtung an einem Kreuz.

Was mich an diesem Musical fasziniert, ist, dass es Jesus als wirklichen Menschen zeichnet. Als einen, der Angst hat und anderen Mut macht. Der sich erschüttern lässt und ausgelassen feiert. Der heiß geliebt und im Stich gelassen wird.

Was mich an diesem Musical stört, ist, dass es eben nur den Menschen zeigt. Dabei war Jesus mehr. Er war Gott. Und die Kreuzigung war nicht das Ende. Auf den Karfreitag folgte der Ostermorgen. Die Botschaft der Christen lautet seitdem: »Jesus lebt.« Er lebt bis heute. Kein Tod kann ihn mehr töten. Deshalb kann man mit ihm sprechen. Da geht es uns heute, nach seinem zweitausendsten Geburtstag, nicht anders als den Menschen damals.

LIEBE OHNE GRENZEN

Geahnt habe ich es schon mit 14. Damals sangen Simon & Garfunkel: »I am a Rock, I am an Island« – »Ich bin ein Fels, ich bin eine Insel«. Ein Lied mit Sätzen wie: »Ich brauche keine Freundschaft. Freundschaft verursacht nur Schmerzen. Ich verachte das Lachen. Ich verachte die Liebe. Hätte ich nie geliebt, hätte ich auch nie geweint.«

Nein, die ewige, die endlose Liebe schien es nicht zu geben. Ich wusste schon, wie sich das anfühlt, wenn man in die Ecke gestellt wird wie ein alter Turnschuh. Heute weiß ich, dass es offenbar wirklich eher die Ausnahme ist, dass eine Beziehung gelingt, dass sie auf Dauer gelingt. Liebe braucht Ausdauer. Liebe macht Arbeit. Liebe erfordert, dass man sich immer wieder neu aufeinander einlässt.

Auch die Liebe Gottes zu seinen Menschen. »Ihr habt mir Mühe gemacht mit eurem gottlosen Leben«, sagt er einmal (Jesaja 43,24b). Gott kennt das Gefühl auch, in die Ecke gestellt zu werden wie ein alter Turnschuh. Seine Menschen tun das seit Tausenden von Jahren immer wieder mit ihm. Doch Gott lässt sich in seiner Liebe nicht beirren. Am Ende kommt er selbst und gibt uns im Kreuz von Golgatha Brief und Siegel dafür, dass er nicht aufhört, uns zu lieben. Auf diese Liebe ist Verlass.

Paulus fragt im Brief an die Christen in Rom: »Wer will uns scheiden von der Liebe Gottes?« (Römer 8,35). Und dann führt er all das auf, was uns nicht von der Liebe Gottes scheiden kann: Trübsal, Angst, Verfolgung, Hunger, Blöße, Gefahr, Schwert. Die Reihe ließe sich fortsetzen. Ein Choral jubelt: »Wenn wir dich haben, kann uns nicht schaden Teufel, Welt, Sünd oder Tod« (Johann Lindemann).

Es gibt sie also doch, die ewige, die endlose Liebe. Gott sei Dank!

SEITENWECHSEL

Das Konzert fand in der alten Weilburger Barockkirche statt. Einer quadratischen Kirche mit dem Podium fürs Orchester an der Stirnwand, direkt vor dem Altar. Das Publikum sitzt vor oder neben dem Orchester. Je nach Preisklasse. Wir hatten gespart. Darum saßen wir beinahe hinter dem Orchester. Konnten den Musikern also in die Noten schauen. Und – das war noch eindrucksvoller – dem Dirigenten ins Gesicht. Normalerweise sieht man den Dirigenten ja nur von hinten. Man sieht seinen Rücken, den Hinterkopf und die Arme, mit denen er seine Musiker dirigiert. Man sieht nicht, ob er lächelt oder weint. Ob er entspannt ist oder angestrengt. Man hört nur die Musik, die er dirigiert.

Diesmal aber war alles anders. Wir konnten ihn von vorn sehen. Ein ganzes langes, schönes Konzert von vorn.

So ähnlich ist das ja mit Gott in dieser Welt, habe ich gedacht. Wir sehen ihn in der Regel nur von hinten. Können meist nur ahnen, was er tut und warum. Wir erleben nur, was er bewirkt. Wir hören die Musik.

Aber eines Tages werden die Plätze gewechselt. Dann sitzen wir da, wo wir in Weilburg gesessen haben. Sehen Gott von vorn. Und er sieht uns. Und er lächelt uns liebevoll zu. Und er sagt: »Gut, dass du da bist! Ich freu mich über dich. Wir haben jetzt eine ganze Ewigkeit lang Zeit miteinander und Zeit füreinander. Eine ganze Ewigkeit lang Zeit, den unendlichen Himmel meiner Herrlichkeit und meiner Freundlichkeit zu entdecken.«

WIE EIN FEST NACH LANGER TRAUER

Ein neuer Jugendkongress wurde geplant: Christival 88. Der Veranstaltungsort: die Messe in Nürnberg. Eine der Attraktionen am Abend sollte ein Musical über den biblischen Josef sein. Johannes Nitsch und ich wurden vom Vorbereitungskreis auserkoren, solch ein Werk zu schreiben und auf die Bühne zu bringen. Vor allem wohl, weil wir vor ein paar Jahren das Musical »David – ein Sänger, ein König« getextet und komponiert hatten. Eine herausfordernde, aber überschaubare Aufgabe schien das zu sein. Einfacher als David. Dachten wir. Die wesentliche Quelle nämlich war übersichtlich. Die Geschichte aus dem Alten Testament umfasst ganze 14 Kapitel. 1. Mose 37–50.

Es wurde dann doch eine große Herausforderung. Denn Josef sollte jungen Menschen Mut machen, sich in dieser Welt zu engagieren. Verantwortung zu übernehmen. Vom Verzehrer zum Ernährer zu werden. Vom Zerstörer zum Versöhner. Und auch auf schweren Wegetappen nie zu vergessen: Gott ist da. Und er meint es gut. Immer und überall und unter allen Umständen und mit jedem. Und er kommt zum Ziel, auch auf Umwegen.

Was damals noch keiner ahnen konnte: Eines der Lieder aus diesem Musical wurde zum »Hit«, der es mittlerweile sogar in einige evangelische Gesangbücher geschafft hat: »So ist Versöhnung«, oder: »Wie ein Fest nach langer Trauer«. Was vor allem an der wunderschönen, leicht israelisierten Melodie von Johannes Nitsch liegt. Es ist der große Schlusshymnus dieses Musicals: Josef und seine Brüder haben endgültig den jahrzehntealten Bruderzwist überwunden und feiern das Fest der Versöhnung.

Ein Gänsehautmoment am Schluss jeder Aufführung. Die verfeindeten Brüder liegen sich in den Armen. Der Chor auf der Bühne singt und tanzt. Und das Publikum singt und tanzt begeistert mit. Und die Halle bebt.

Echte Versöhnung kann tatsächlich Begeisterungsstürme auslösen.

Wie ein Fest nach langer Trauer,
wie ein Feuer in der Nacht,
ein offnes Tor in einer Mauer,
für die Sonne aufgemacht.
Wie ein Brief nach langem Schweigen,
wie ein unverhoffter Gruß,
wie ein Blatt an toten Zweigen,
ein Ich-mag-dich-trotzdem-Kuss.

So ist Versöhnung, so muss der wahre Friede sein.
So ist Versöhnung, so ist Vergeben und Verzeihn.

Wie ein Regen in der Wüste,
frischer Tau auf dürrem Land,
Heimatklänge für Vermisste,
alte Freunde Hand in Hand.
Wie ein Schlüssel im Gefängnis,
wie in Seenot Land in Sicht,
wie ein Weg aus der Bedrängnis,
wie ein strahlendes Gesicht.

So ist Versöhnung, so muss der wahre Friede sein.
So ist Versöhnung, so ist Vergeben und Verzeihn.

Wie ein Wort von toten Lippen,
wie ein Blick, der Hoffnung weckt,
wie ein Licht auf steilen Klippen,
wie ein Erdteil neu entdeckt.
Wie der Frühling, wie der Morgen,
wie ein Lied, wie ein Gedicht,
wie das Leben, wie die Liebe,
wie Gott selbst, das wahre Licht.

So ist Versöhnung, so muss der wahre Friede sein.
So ist Versöhnung, so ist Vergeben und Verzeihn.

Beim Schreiben hatte ich nach Bildern gesucht. Was ist Versöhnung? Womit kann ich dieses besondere Phänomen vergleichen? Klar, ich geb's zu: Ein anderes Werth-Lied hat dabei heimlich Pate gestanden: »Wie ein Tropfen Meer im Sand, ein nicht eingelöstes Pfand, wie ein ausgedörrtes Land, ein vergessener Debütant – so bin ich ohne dich, mein Gott.« Ich hatte es 1976 beim ersten Christival in der Essener Grugahalle singen dürfen, zusammen mit der amerikanischen Top-Band »Liberation Suite«. Aber »Versöhnung« – das war dann doch noch ein bisschen schwerer zu beschreiben und zu vergleichen als die Beziehung zu Gott.

Schnell war jedoch klar: Versöhnung ist vor allem das, ein Fest. Ein unerwarteter Feiertag mitten im grauen Alltag. Nicht der Normalfall. Der heißt: Wie du mir, so ich dir. Der heißt: Wir zwei haben noch eine Rechnung offen. Versöhnung ist ein wärmendes Feuer in einer kalten Nacht. Ist ein offenes und einladendes Tor in einer starren Trennungsmauer. Ist ein Brief nach endlosem Schweigen. Ein unverhoffter und unerwarteter Gruß. Ein Blatt an abgestorbenen Zweigen. Und – jetzt kommt's: ein »Ich-mag-dich-trotzdem-Kuss«.

Über kaum ein Sprachbild in diesem Lied ist wohl mehr diskutiert worden. Und mancher kam auf geradezu abenteuerliche und verwegene Gedanken: »Wenn in einem christlichen Lied von einem Kuss die Rede ist, kann das nur der Judaskuss sein!« Aber der hätte in diesem Lied nun wirklich keinen Sinn gemacht.

Ungezählte Postkarten und Briefe habe ich bekommen. (Ja, ja, es war die Zeit, in der es noch keine E-Mails gab …) In Salzburg entschied eine Jugendgruppe kurzerhand, der Text müsse so lauten: »Ich mag dich – trotz dem Kuss.« Rettet dem Dativ! Offensichtlich hatten sie an einen Lover mit Mundgeruch gedacht …

Dabei ist das doch ganz einfach: Versöhnung ist wie ein Kuss, der nach einem Streit ausdrückt: Ich mag dich trotzdem. Ein »Ich-mag-dich-trotzdem-Kuss« eben. Woran man sieht: Interpunktion ist wichtig. Kann man nur leider, leider nicht mitsingen …

Auch ein anderes Sprachbild löste viele Jahre später einen heftigen Streit aus. Die Kommission, die entscheiden musste, ob dieses Lied ins Evangelische Gesangbuch aufgenommen wird, rieb sich an der Formulierung: »wie ein Erdteil, neu entdeckt«. Schließlich sei die Geschichte der Entdeckungen und Eroberungen ein ausgesprochen finsteres Kapitel der Menschheit und habe nun wirklich nichts mit Versöhnung zu tun. Mancher sah auf einmal Kohorten von metzelnden und mordenden Matrosen durch mein Lied stampfen. Ob ich nicht bitte schön ein anderes Bild finden könnte, wurde ich gefragt. Aber ich konnte nicht. Und ich wollte auch nicht. Denn erstens stand das Lied mit dieser Zeile längst in anderen Liederbüchern. Und zweitens war doch alles, was ich sagen wollte, schlicht dieses: Wer sich mit anderen versöhnt, entdeckt nicht nur ein neues Land, er entdeckt einen ganz neuen Erdteil, eine ungeahnte Lebenswirklichkeit. Kolumbus hatte ich dabei nun wirklich nicht im Sinn gehabt.

Lust auf Versöhnung möchte das Lied machen. Und es weist am Schluss natürlich auf den Versöhner aller Versöhner hin: auf »Gott selbst, das wahre Licht«. Paulus beschreibt das im 2. Korintherbrief so: »Denn Gott war in Christus und versöhnte so die Welt mit sich selbst und rechnete den Menschen ihre Sünden nicht mehr an. Das ist die herrliche Botschaft der Versöhnung, die er uns anvertraut hat, damit wir sie anderen verkünden« (5,19).

Und selbst leben! Wer von der Versöhnungsbereitschaft Gottes lebt, kann seinen Mitmenschen nicht die Versöhnung verweigern. Weder im privaten noch im öffentlichen Miteinander. Was aber offenbar leider selbst dann möglich ist, wenn man dieses Lied fröhlich mit anderen gemeinsam singt. Ich erinnere mich an ein Konzert. Eine ältere Bekannte war gekommen. Ich wusste, dass sie sich mit ihrer Enkelin heftig überworfen hatte. Die zwei redeten nicht mehr miteinander. Ich habe dieses Lied gesungen. Vor allem für sie. Ich habe erzählt, wie wohltuend, wie befreiend Versöhnung ist. Und dass es manchmal nur den einen ersten Schritt braucht. Eigentlich habe ich alles nur für sie gesungen und gesprochen. Sie lächelte mich dabei an. Sie sang mit.

Und sprach auch anschließend nicht mit ihrer Enkelin …

DEN HIMMEL FÜR DIE,
DIE DIE HÖLLE VERDIENT HABEN

GEDANKEN ZU EINEM WEIHNACHTSLIED VON JOCHEN KLEPPER:

Die Nacht ist vorgedrungen, der Tag ist nicht mehr fern,
so sei nun Lob gesungen dem hellen Morgenstern.
Auch wer zur Nacht geweinet, der stimme froh mit ein.
Der Morgenstern bescheinet auch deine Angst und Pein.

Dem alle Engel dienen, wird nun ein Kind und Knecht.
Gott selber ist erschienen zur Sühne für sein Recht.
Wer schuldig ist auf Erden, verhüll' nicht mehr sein Haupt.
Er soll errettet werden, wenn er dem Kinde glaubt.

Die Nacht ist schon im Schwinden, macht euch zum Stalle auf!
Ihr sollt das Heil dort finden, das aller Zeiten Lauf
von Anfang an verkündet, seit eure Schuld geschah.
Nun hat sich euch verbündet, den Gott selbst ausersah.

Noch manche Nacht wird fallen auf Menschenleid und -schuld.
Doch wandert nun mit allen der Stern der Gotteshuld.
Beglänzt von seinem Lichte, hält euch kein Dunkel mehr.
Von Gottes Angesichte kam euch die Rettung her.

Gott will im Dunkel wohnen und hat es doch erhellt!
Als wollte er belohnen, so richtet er die Welt!
Der sich den Erdkreis baute, der lässt den Sünder nicht.
Wer hier dem Sohn vertraute, kommt dort aus dem Gericht.

Kann man ein Lied adoptieren? Einfach so? Ich weiß nicht. Ich habe mich einfach getraut. Vor Jahren schon. Seitdem ist dieses Lied mein Lied. Ein Adventslied, das mich still und treu durch meine Adventstage begleitet. Und durch die Alltage. Und das mir dabei immer neue Facetten des Evangeliums aufschließt.

Die gute Nachricht von Jesus Christus in fünf Strophen. Kompakt und konzentriert. Nicht weihnachtlich sanft und süß. Eher sperrig. Wie die Zeit, in der es entstanden ist: 1938 der Text, 1939 die Melodie. Eine dunkle Zeit, eine Zeit der Verführung und der Verblendung. Führerwahn. Judenpogrome. Kriegsvorbereitungen. Mittendrin der Journalist und Schriftsteller Jochen Klepper. Verheiratet mit einer Jüdin. Zwei Töchter. Der Willkür des Naziregimes ausgeliefert. Ein berühmter und erfolgreicher Schriftsteller – sein Roman »Der Vater« hat im Jahr zuvor eine bemerkenswerte Auflagenhöhe erreicht. Aber aus der »Reichsschrifttumskammer« wird er ausgeschlossen.

»Die Nacht ist vorgedrungen.« Ein solcher Satz hat einen besonders bedrohlichen Klang 1938. Viele ahnen das heraufziehende Unheil. Doch »der Tag ist nicht mehr fern«. Der Kontrapunkt des Glaubens und der Hoffnung. Und so geht es weiter in diesem Lied, fünf Strophen lang und wieder von vorn.

Bis heute.

Bis zu mir.

Nacht gegen Tag. Verzagtheit gegen Mut. Zweifel gegen Glauben. Verzweiflung gegen Hoffnung. Gott kommt. Er kommt ins Dunkel. Nicht nur mal so kurz auf Besuch. Er kommt, um zu bleiben. Im Dunkel dieser Welt und im Dunkel meines Lebens. Nicht als Richter kommt er. Als Retter! Als »Kind und Knecht«! »Als wollte er belohnen.«

Die nächtlichen Tränen haben ein Ende. Der Morgenstern ist aufgegangen. Der Himmel verbündet sich mit der Erde. Der Schöpfer mit der Schöpfung. Der Sündlose mit den Sündern. Das gilt für gestern. Für heute. Und es gilt für morgen. Gottes Huld war nicht eine momentane Laune. Seine Freundlichkeit nicht eine vorübergehende Gefühlsregung. Sein Freispruch nicht eine zeitlich eng begrenzte Amnestie. Gott lässt den Sünder nicht. Nie mehr. Seine Liebe wandert mit uns durch die Zeit. Scheint hell und warm auf alle unsere Wege.

Das ist das Evangelium, die gute Nachricht. Die beste Nachricht, die je auf unserem Globus gehört wurde!

Dieses Evangelium aber will immer neu entdeckt und entfaltet und geglaubt werden. Denn es steht quer zu meinen Alltagserfahrungen. Quer zu den Regeln menschlichen Zusammenlebens. Quer zu den Grundsätzen der Leistungsgesellschaft. Quer zu allen religiösen Bemühungen. Quer zu meinem unfrommen Wunsch, mir die Zuwendung Gottes verdienen zu wollen. Sie lässt sich eben nicht verdienen. Sie lässt sich nur entgegennehmen. Geschenkte Liebe. Durch nichts und von niemandem verdient.

Nein, das hat man nicht einmal und ein für alle Mal verstanden. Das muss man immer wieder verstehen. Oder anders: Das muss man stehen lassen und immer wieder neu bestaunen. Denn verstehen lässt sich's nicht wirklich. Gottes Liebe ist ein Geheimnis. So geht man nicht mit Rechtsbrechern um! Nein, man nicht. Aber Gott.

Ich erinnere mich an ein Stilles Wochenende in Gnadenthal. Ich saß wohl schon eine Stunde in meiner kleinen Lieblingskapelle und wurde immer verzagter. Nein, vor diesem Gott hast du als Mensch keine Chance! Dieser Gedanke, dieses Gefühl drückte mich unerbittlich zu Boden. Es gibt sie ja, diese Momente, in denen dir messerscharf bewusst wird, wie groß, wie unüberwindbar die Sünde, der Sund zwischen Gott und dir, ist. In denen du's nicht mehr nur singst, in denen es vielmehr in allen Blutbahnen pulst: »Nichts hab ich zu bringen! Aber auch gar nichts! Ich bin ein Nichts vor dir, heiliger Gott, ein Niemand!«

Alle lendenlahmen Versuche, meinen Versäumnissen ein paar fromme Leistungen entgegenzuhalten, waren längst fehlgeschlagen. Ich wusste doch: Hinter vielen frommen Aktivitäten und Worten hatte allzu oft nur Geltungsdrang gesteckt.

Da saß ich nun also, buchstäblich ein Häuflein Elend. Das Kreuz an der Stirnwand der Kapelle wagte ich kaum noch anzuschauen. Les jeux sont faits. Ich hatte verloren. Das Spiel verloren. Mich verloren. Gott verloren.

Als plötzlich eine helle Melodie in meinen düsteren Gedanken zu singen begann. Sehr leise und sehr zaghaft zunächst. Kaum wahrnehmbar. Doch dann immer lauter. Immer forscher. Und schließlich unüberhörbar.

»Wer schuldig ist auf Erden, verhüll nicht mehr sein Haupt. Er soll gerettet werden, wenn er dem Kinde glaubt!«

Galt das mir? Galt das wirklich mir? Gerettet wird, wer dem Kind glaubt? Dem Kind in der Krippe von Bethlehem?

Es war eine Melodie aus dem Himmel an diesem Tag. Eine Botschaft direkt von dem Kreuz, das da vor mir an der Wand hing.

»Glaub nicht deiner Schuld! Glaub nicht deinem Gewissen! Glaub dem Kind! Glaub Jesus! Der gekommen ist, um die mit dem Himmel zu belohnen, die die Hölle verdient haben! Dich!«

Ich weiß nicht mehr, ob ich geweint habe. Aber ich weiß noch, dass mir zum Weinen zumute war. Vor Scham und Schreck und vor Staunen. Vor Freude und vor Begeisterung. Weihnachten und Ostern und Geburtstag und Jubiläum auf einmal. Mein Fest!

Wie der verlorene Sohn bin ich in Gottes Arme gefallen. In sein Erbarmen. Hab neu Platz genommen an seinem Tisch. An seinem Herzen. Hab mich satt gestaunt und satt gegessen. Und war im Himmel. Irgendwie.

WATERLOO SUNSET

Als ich sie zum ersten Mal sah, war ich enttäuscht. »Waterloo Station«, das ist nur eine von vielen seelenlosen U-Bahn-Stationen in London. Seit ich mich 1967 in das Lied der »Kinks« verliebt hatte, hatte diesen Namen ein sonderbarer Glanz umgeben. »Waterloo Sunset« – Sonnenuntergang über der Waterloo Station ...

Ich war sechzehn, lag auf meinem Bett, hörte in meinem alten Röhrenradio die englischen Top Twenty und träumte von einem verliebten Paar, das verliebt über einen wunderschönen Sonnenuntergang staunt. Ganz sicher war ich auch verliebt, ich war das oft in jener Zeit. Dummerweise wohl wieder in die Falsche. In die, die wohl auch gerne so einen Sonnenuntergang erleben wollte, aber eben leider nicht mit mir.

Warum nur wird das Leben selten so, wie ich es mir erträume?

Ich habe damals eine Antwort gefunden, die sich im Auf und Ab meiner Jahre bewährt hat: Weil sich mancher Traum, ist er erst einmal Wirklichkeit, als Albtraum entpuppt. Mir fehlt der Überblick. Aber wenn es da jemanden gibt, der diesen Überblick hat, und wenn der's dann sogar noch gut mit mir meint, will ich auf seine Vorschläge achten. Gott. Darum egal, ob die Sonne auf- oder untergeht: »Vom Aufgang der Sonne bis zu ihrem Niedergang sei gelobet der Name des Herrn!« (Psalm 113,3).

FASSONSCHNITT, HINTEN KURZ

Ya ya« von Lee Dorsey war unser erster ganz großer Hit. Die Single hatte ich 1961 einem Schulfreund zum 11. Geburtstag geschenkt. Und wir haben schief und lautstark mitgegrölt: »Sittin' here la la, waitin' for my ya ya.« Den ganzen Nachmittag lang. Zur Freude der Geburtstagskindeltern und aller Nachbarn im Umkreis von zwei Kilometern ...

Fortan war unser Schulalltag mit Musik überzogen wie Muttis Sonntagskuchen mit Schokoguss. Jeder notierte seine ganz private Hitparade. Da kletterten die Stars und ihre Songs rauf und runter. Bis eines Tages eine neue Gruppe auftauchte und die ersten Plätze nicht mehr aus den Gitarrenhänden ließ. »Beat« nannte man ihre Musik. Und sie waren die »Beatles«. »Love Me Do«, »She Loves You« und »I Wanna Hold Your Hand« – alle paar Wochen eine neue Single, ein neuer Hit. Ihr schrilles »Yeah! Yeah! Yeah!« wurde das Markenzeichen einer ganzen Generation. Und die Mädels stritten darüber, wer denn von den vieren der Schönste im ganzen Beatland war.

Denn nicht nur ihre Musik war neu. Auch die Frisuren sorgten für Aufregung. »Pilzköpfe« nannten sie die Älteren. Und wir alle hatten auf einmal so gar keine Lust mehr auf einen »Fassonschnitt, hinten kurz«. Was für heftige Auseinandersetzungen an beinahe allen Küchentischen sorgte, an denen pubertierende Jünglinge bisher eher unauffällig gesessen und gegessen hatten.

Besonders Großonkel Walter konnte sich so gar nicht abfinden. Weder mit der »Schreimusik« (»Mussik«, sagte er, mit Betonung auf der ersten Silbe) noch mit den »verbotenen Frisuren«. Zu seiner Zeit wären die ja vielleicht auch wirklich verboten worden ...

Auf einer Kreismitarbeitertagung meines CVJM, der damals noch brav ein »Christlicher Verein junger Männer« war, wurde denn auch immer wieder mal heftig diskutiert, wie lang die Haare eines christlichen jungen Mannes denn nun eigentlich sein durften. Bis Sportlehrer Gerold (»Wer hat denn den Käse zum Bahnhof gerollt? Gerold!«) ein klärendes Wort sprach. »Es gibt weder einen christlichen Handstand noch eine christliche Frisur!« Sprach's und freute sich unserer dankbaren Blicke.

Dabei sahen wir Jungs damals doch ausgesprochen gepflegt aus. Es sollte schlimmer kommen …

Und weiter schrieben wir unsere persönlichen Hitparaden. Wobei mich irgendwann störte, dass auf meinen ersten Plätzen immer dieselben Titel standen wie bei den anderen. Und so beschloss ich, dass fortan die »Kinks« meine Leib- und Magenband sein sollten. Und nicht mehr die »Beatles«. Die fanden ja sowieso alle toll. Also pfiff und summte ich künftig vor allem »Dedicated Follower of Fashion« und »Waterloo Sunset«.

Nein, ich wollte nicht mehr so wie alle sein. Und hielt das durch. Alle anderen waren Fans von Borussia Dortmund und Schalke 04, ich vom 1. FC Köln. Alle anderen trugen grüne Parkas, ich einen aus Cord. Alle anderen kauften sich später einen Käfer, ich einen Renault Dauphine.

Mein wunderbarer Deutschlehrer Ernstheinrich Schäfer, der mit Meckifrisur auch immer gegen den Stachel löckte, hatte mir dafür ein goethesches Motiv geliefert, das ich bis heute liebe:

Eines schickt sich nicht für alle!
Sehe jeder, wie er's treibe,
sehe jeder, wo er bleibe,
und wer steht, dass er nicht falle!

Goethe. Beinahe biblisch. Aber nur beinahe. Zum Leben taugte der Dichter aus Frankfurt nur in besonderen Fällen. Siehe oben. Da war die dicke alte Bibel doch aus anderem Holz geschnitzt. Sie hatte himmlische Antworten auf unsere höchstirdischen Fragen. Sie half uns, durch alle Kräche und Krisen erwachsen zu werden. Und überdauerte alle »Beatles« und »Kinks«. Weil sie mitten hineinsprach in unsere Welt aus Gitarrenriffs und Bassläufen. Das Lebensbuch. Das Überlebensbuch. Gottes unüberbietbarer unvergänglicher Liebesbrief. »He Loves You!« Yeah! Yeah! Yeah!

EUROVISION SONG CONTEST OHNE WERT(H)

Christival 76. Das legendäre erste Christival. Auf dem Grugagelände in Essen. 12 500 junge Christen. Immer noch habe ich Bernd Schlottoffs Begrüßungsrede im Ohr: »Wer ist eigentlich Christival? Wir alle sind Christival!« Und ich war's auch. Als rasender Reporter für e.r.f. junge welle. Und – als Liedermacher. Zusammen mit der amerikanischen Band »Liberation Suite« durfte ich ein ganz neues Lied singen: »Wie ein Tropfen Meer im Sand«.

Wie ein Tropfen Meer im Sand,
ein nicht eingelöstes Pfand,
wie ein ausgedörrtes Land,
ein vergessner Debütant,
so bin ich ohne dich, mein Gott.

Wie ein Blatt, vom Wind verweht,
eine Uhr, nicht aufgedreht,
wie ein Weg, den keiner geht,
jemand, den man nicht versteht,
so bin ich ohne dich, mein Gott.

Wie ein bunter Luftballon,
der ziellos mit den Wolken treibt,
bis ihm einmal die Luft wegbleibt, so bin ich ohne dich.
Wie ein Haus, auf Fels gebaut,
das froh aus seinen Fenstern schaut
und nicht nur auf sein Glück vertraut, bin ich mit dir, mein Gott.

Wie ein unbestelltes Feld,
eine Freundschaft, die nicht hält,
wie ein Spieler ohne Geld,
ein Versprechen, das nicht zählt,

so bin ich ohne dich, mein Gott.
Wie ein Schneemann im April,
eine Show, die nicht gefiel,
wie ein Tanz, den keiner will,
wie ein unerreichtes Ziel,
so bin ich ohne dich, mein Gott.

Wie ein Vers, den keiner singt,
wie ein Gaukler ungeschminkt,
wie ein Wein, den keiner trinkt,
wie ein Trick, der nie gelingt,
so bin ich ohne dich, mein Gott.

Wie ein Sänger ohne Lied,
eine Tür, durch die es zieht,
wie ein Film, den keiner sieht,
ein verstaubtes Requisit,
so bin ich ohne dich, mein Gott.

Also, eigentlich habe ich kein Lampenfieber. Aber an dem Abend hatte ich. Mächtig! Ich weiß gar nicht, ob ich danach noch einmal so viele Zuhörer auf einmal gehabt habe.

Doch. 1988. Beim zweiten Christival in Nürnberg. Da haben wir das Musical »Josef – eine Traumkarriere« uraufgeführt. Mit Hauke Hartmann, Cae Gauntt, Hella Heizmann, Jan Vering und Johannes Nitsch. Jeden Abend in der Frankenhalle.

»Wie ein Tropfen Meer im Sand« – eigentlich hatte ich diesen Text, halten Sie sich fest, für – Gitte geschrieben. Gitte Haenning. Das kam so: In jenen Jahren saß ich oft stundenlang mit Siegfried Fietz zusammen, um neue Lieder und Alben zu gebären. Als er an einem Abend die Idee hatte, wir könnten doch mal zusammen ein Lied für den »Eurovision Song Contest« schreiben, der damals noch »Concours Eurovision de la Chanson« hieß. Ein Lied für – Gitte.

Herzklopfen und eine schlaflose Nacht.

Und dann ging's an die Arbeit. Mit klammen Fingern. Das erste Sprachbild purzelte in meinen Kopf. Und noch eins. Und noch eins. Bilder für Liebe. Für Sehnsucht, die kleine Schwester der Liebe. Bilder für die Unvergleichlichkeit einer unvergleichlichen Beziehung. Reimen, aufschreiben, durchstreichen, diskutieren, von vorn beginnen. Und irgendwann war der Text fertig. Mein Text für den Grand Prix! Der Auftakt einer großen Texterkarriere!

Nur dass Gittes Manager sich in der Zwischenzeit längst für ein anderes Lied entschieden hatten … Das jähe Ende einer steilen Laufbahn, noch bevor sie eigentlich begonnen hatte.

Doch was soll's, dachte ich irgendwann. Bevor dein Text beleidigt in der Schublade verschimmelt, machst du aus der Not eine Tugend. Machst du aus dem Liebeslied ein Glaubenslied. Ergänzt du jede Strophe durch ein »mein Gott«, fügst einen neuen Refrain ein, und aus dem Gitte-Schlager wird ein Werth-Lied. Kannst du dann selbst singen. Passt auf Gott ja auch eigentlich viel besser. Denn welcher andere Mensch kann auf die Dauer die himmlische Ergänzung sein, nach der der Interpret in diesem Lied lechzt?!

Jahre später habe ich einen weisen Gedanken von Roman Bleistein entdeckt, der das bestätigt: »Die wichtigste Tugend in der Liebe ist das Erbarmen. In ihm vergebe ich dem anderen, dass er mein Gott nicht sein kann!«

Und so sang Jürgen Werth beim Christival von der erfüllbaren Sehnsucht nach dem Gott, der Mensch geworden ist. Und nicht Gitte beim Grand Prix von der unerfüllbaren Sehnsucht nach einem göttlichen Menschen …

»ERST DER PICKEL MACHT DEN MANN!«

Ganz ehrlich: So richtig toll fand ich mich nie. Immer waren andere hübscher, schlanker, sportlicher. Schon in der Jungschar. Ich weiß noch, wie ich einmal neben meinem Freund Ötte saß und merkte: Der hat viel längere Beine als ich. Damals war ich wohl 10 oder so. Als mir ein Musikerkollege viele Jahre später selbstbewusst bekannte: »Ich fühl mich richtig wohl in meinem Körper!«, da hab ich ihn glatt beneidet. Denn so ein Gefühl hätte ich auch gern einmal gehabt! Anschließend habe ich ihn heimlich genauer angeschaut. Und war erstaunt. So wahnsinnig hübsch und gut gebaut fand ich ihn dann wieder auch nicht. Was mir gutgetan hat. Aber warum wollte mir solch ein Satz nie über die Lippen kommen?

Lag's an der Schule?

Das Schlimmste war Schwimmen. Nicht, weil das Wasser so nass und so kalt war und so schrecklich nach Chlor schmeckte, das auch. Nein, weil ich mich ausziehen musste. Vor allen anderen. Denn ich hatte Pickel. Schrecklich viele dicke rote Pickel. Nicht im Gesicht zum Glück. Auf dem Rücken. Das war praktisch, wenn man sich nicht ausziehen musste. Das war schrecklich, wenn.

Das Zweitschlimmste war Fußball. Nicht das Fußballspielen an sich. Das war toll. Besonders, wenn ich »im Kasten« sein durfte. Das durfte ich oft. Denn da war ich ganz gut. Aber nach dem Fußballspielen wurde geduscht. Und da war's dann wieder wie Schwimmen.

Ob ich deshalb angefangen habe, Musik zu machen? Da konnte man seine Klamotten anbehalten.

Aber auch beim Fußball entdeckte ich eine besondere Fähigkeit, die mit dem Fußballspielen an sich wenig zu tun hatte. Ich konnte – kommentieren. Als die Realschule, die ich vor dem Gymnasium genossen habe, einmal ein Benefizspiel Lehrer gegen Schüler veranstaltete, war ich nicht im Tor, sondern am Mikrofon. Mit Pulli! Und musste anschließend nicht unter die Dusche.

Ganze Apothekergenerationen haben von meinem Taschengeld gelebt. Und unter der Höhensonne meines Hautarztes war ich wohl öfter als unter der Sonne des Sauerlandes. Na ja, die zeigte sich eh nur selten am Himmel über Lüdenscheid.

Geholfen hat nur eins: die Zeit.

Klar, ich war nicht der Einzige. Manche Gesichter sahen aus wie Streuselkuchen. Dafür aber waren die Rücken meist blitzeblank. Ich war neidisch. Die konnten wenigstens schwimmen und duschen. Sie fanden vielleicht mein Gesicht beneidenswert. Wir Leidensgenossen spendeten einander herzhaften Trost: »Erst der Pickel macht den Mann!« Oder so. Wirklich getröstet aber haben die flotten Sprüche nie.

Aber die Musik! Ich sang meine ersten selbst erdachten Lieder zum Akkordeon, das mir Mama und Papa zu Weihnachten geschenkt hatten. Womit aber die Mädels auf die Dauer nicht wirklich zu beeindrucken waren. Es war die Zeit der Beatles und der Stones und der Kinks. Und die spielten allesamt – Gitarre. Ich hatte eine zu Hause. Hinter der Spiegelkommode im Schlafzimmer. Hatte auch schon einmal einen Fernkursus belegt. Aber Volksliedermelodien zupfen hatte mich dann doch nicht übermäßig fasziniert.

Erst als mir jetzt Bernd die ersten Akkorde beibrachte, kam Musik in das Instrument. Und als ich die ersten drei Griffe einigermaßen beherrschte und niemand mehr auf die Uhr sah, wenn ich von A auf D zu wechseln versuchte, schrieben wir den ersten gemeinsamen Hit: »Laura, O Remember How We Kissed Last Night …« Das machte mächtig Eindruck. Und ich hatte für Minuten das erhebende Gefühl: Auch mit Pickeln bist du wer.

Aber das Grundgefühl blieb. Auch als ich mich mit Reinhard befreundete. Einem Winnetou mit langen braunen Haaren und Berliner Schnauze. Der war Christ, hatte aber schon eine Menge erlebt. »Manchmal kann ich mich kaum retten vor den Mädels«, strahlte er einmal. »Aber das kennst du ja auch.« Ich? Also, das muss ich wohl übersehen haben.

Ach ja, und da war dann noch der Dauerstress zu Hause! Vater trank. Und ich schämte mich dafür …

Oh, wie lang ist das alles her! Aber vielleicht verstehen Sie nun, warum ich so einen Text wie »Du bist du« irgendwann schreiben musste. Lange nach der Pubertät, zugegeben. Lange nach den Pickeln, auch zugegeben. Aber dieses Grundgefühl, das viele andere denn doch hübscher, schlanker, sportlicher sind, hat sich nicht wirklich verkrümelt. Heute schaue ich ein bisschen neidisch auf Männer, die selbst im hohen Alter noch ihr üppiges Haupthaar föhnen. Und die essen können wie ein Scheunendrescher und dabei schlank und rank bleiben.

Vielleicht ist das ja ein typisches Künstlerproblem: Da quälst du dich immer mit Selbstzweifeln. Was eines sonnigen Tages auch unserer langjährigen Israel-Reiseleiterin aufgefallen ist. Nach einem Konzert in Jerusalem, das sie toll gefunden hatte. »Joffitoffi!«, hatte ich gesagt, dass ich mich aber ein paar Mal verspielt hätte und dass außerdem die G-Seite verstimmt gewesen sei. »Du bist sehr selbstkritisch!«, sagte sie darauf streng. »Das ist mir schon öfter aufgefallen. Sehr selbstkritisch!«

Dabei sing ich's seit Jahrzehnten für mich selbst: Du bist du! Ein Gedanke Gottes, ein genialer Gedanke Gottes! Niemand ist wie du! Niemand! Schau nicht nach links, schau nicht nach rechts! Alle Not kommt aus dem Vergleichen. Du bist du!

Vergiss es nie:
Dass du lebst, war keine eigene Idee.
Und dass du atmest, kein Entschluss von dir.
Vergiss es nie:
Dass du lebst, war eines anderen Idee.
Und dass du atmest,
sein Geschenk an dich.

Vergiss es nie:
Niemand denkt und fühlt und handelt so wie du,
und niemand lächelt so, wie Du's gerad' tust.
Vergiss es nie:
Niemand sieht den Himmel ganz genau wie du,
und niemand hat je, was du weißt, gewusst.

Vergiss es nie:
Dein Gesicht hat niemand sonst auf dieser Welt.
Und solche Augen hast alleine du.
Vergiss es nie:
Du bist reich, egal ob mit, ob ohne Geld,
denn du kannst leben, niemand lebt wie du.

Du bist gewollt,
kein Kind des Zufalls,
keine Laune der Natur.
Ganz egal,
ob du dein Lebenslied
in Moll singst oder Dur.
Du bist
ein Gedanke Gottes,
ein genialer noch dazu!
Du bist du!
Das ist der Clou, ja der Clou!
Ja du bist du!

Ob dieses Lied aber vielleicht deshalb so viele dankbare Zuhörer und Mitsänger gefunden hat, weil es aus einem zweifelnden Herzen kommt?

Manchmal staune ich Bauklötze: Da sagt ein Tischtennischampion, der ohne Arme leben muss, das wäre sein Lieblingslied. Da schreiben Eltern diesen Text auf die Fotokarte ihrer Tochter mit

Down-Syndrom. Da sagt mir eine ältere Frau: »Mein Vater hat immer gesagt, dass ich nichts tauge. Vater ist lange tot. Doch immer noch hallt dieser Satz in meiner Seele. Aber dann halte ich ihm diesen Text entgegen. Und Vater muss schweigen.« Da stellt mir eine Mutti strahlend ihre erwachsene Tochter vor: »Eigentlich wollte ich sie abtreiben lassen. Dann habe ich in einem Konzert dieses Lied gehört.« Im Frauenknast in Chemnitz ist es mittlerweile sogar zur »Knasthymne« befördert worden. Eine ehemalige Strafgefangene: »Die meisten Frauen hier haben noch nie gehört, dass sie wertvoll sind.«

Die Du-bist-du-Geschichten sind Legion.

Manchmal denke ich an eine Begebenheit, die der Berliner Chirurg Hans Kilian aufgeschrieben hat. Ein kleiner schüchterner Mann war zögernd in sein Wartezimmer getappt und hatte sich mit den Worten vorgestellt: »Ach wissen Se, Herr Dokter. Ick bin man bloß so'n Nebenmensch!«

»Sind Sie nicht!«, hätte ich energisch gesagt. »Weil's keine Nebenmenschen gibt! Nur Hauptmenschen! Gott hat nur Hauptmenschen! Einmalig geschaffene, einmalig geliebte Hauptmenschen! Und Sie sind einer davon!«

Und ich! Und Sie!

Auch, wenn man's jeden Tag neu kapieren muss.

EINFACH LESENS WERTH

---

3 *GEPREDIGT*

REDEN VON DER KANZEL

ASA, MEINE SORGEN UND ICH

Manchmal geht's mir beim Lesen der Bibel wie beim Schiffe-Versenken: Ich kann mich drehen und wenden, wie ich will, doch es ist passiert. »Getroffen!«

Mit einer Episode aus dem Leben des judäischen Königs Asa war es so. Aufgeschrieben ist sie im Buch 2. Chronik, Kapitel 16. König Asa wird krank – sehr krank sogar. »An seinen Füßen«, notiert die Chronik. Und vermerkt dann lakonisch: »… und er suchte auch in seiner Krankheit nicht den Herrn, sondern die Ärzte.«

Er hatte nie zuvor den Herrn gesucht. Nie wirklich ernsthaft. Also suchte er ihn auch jetzt nicht. Jetzt, wo es wirklich ernst wurde. Stattdessen suchte er – die Ärzte … Irgendwie folgerichtig, dachte ich.

Doch plötzlich verschwamm der Text vor meinen Augen. Und es ging nicht mehr um einen alten König, sondern um mich. Um mein Unternehmen. Meine Gemeinde. Die Kirche. Plötzlich las ich:

»Der Kirche liefen die Mitglieder davon, und sie suchte nicht den Herrn, sondern die Werbeagenturen.«

»Unserem Werk ging das Geld aus, aber wir suchten nicht den Herrn, sondern Unternehmensberater und Fundraising-Experten.«

»Ich fühlte mich ungerecht behandelt, aber ich suchte nicht den Herrn, sondern einen Anwalt.«

»Jürgen Werth war nervös und abgespannt, und er suchte nicht den Herrn, sondern den Apotheker.«

Höchst einseitig und geradezu ärgerlich las ich das. Ich versuchte, den Text zu entschärfen. Durch Sätze wie: »Man soll das eine tun und das andere nicht lassen.« Was ja auch richtig ist. Denn was könnte Gott schon gegen Werbeagenturen, Unternehmensberater, Anwälte und Apotheker einwenden?! Nichts und wieder nichts! Im Gegenteil: Gut, dass wir sie haben!

Und trotzdem entschloss ich mich, die Einseitigkeit eine Weile auszuhalten. Denn auch der Autor der Chronik wird ja nichts dagegen gehabt haben, dass Asa die Ärzte aufsuchte. Ihm ging es offensichtlich um etwas anderes, Tieferes. Was gibt mir den letzten Halt? Worauf verlasse ich mich, wenn mich alle verlassen haben? Wem traue ich genügend Kompetenz zu, wenn ich am Ende bin? Wenn ich mich festgefahren habe in einer Krise? Und plötzlich entdecke ich Asa in allen Blutbahnen.

Obwohl: Wir vertrauen Gott! Natürlich. Wir trauen ihm alles zu! Anders als Asa. Für uns ist das keine Frage: Gott ist allmächtig und barmherzig! Er kümmert sich um mich, als hätte er es ganz alleine mit mir zu tun! Das glauben wir, sagen wir, bekennen wir, singen wir!

Aber – sind wir nicht irgendwo tief drinnen überzeugt, dass wir selbst doch am besten wüssten, was gut und richtig ist für uns? Wir – oder zumindest die Experten? Irgendwo tief drinnen haben wir Gott für die theologische Fakultät reserviert. Dort ist er zuständig für Himmel und Hölle, für Tod und Teufel, für Sünde und Seelenheil – den Rest nehmen wir lieber selbst in die Hand. Ob Gott sich wirklich mit dem Pfeifferschen Drüsenfieber auskennt? Oder mit den Umsatz-Problemen meines Betriebes? Mit pubertierenden Zöglingen? Oder unserem Mangel an Mitarbeitenden?

»… und er suchte auch in seiner Krankheit nicht den Herrn, sondern die Ärzte.«

Dabei ist Gott der Arzt aller Ärzte, der Berater aller Berater, der Ingenieur aller Ingenieure. Er hat die Welt erfunden. Den Kosmos. Die Galaxien. Er hat den Menschen konstruiert. Hat ihn denken und fühlen gelehrt. Und ist selbst Mensch geworden. Seine Füße sind durch den Staub unseres Alltags gegangen. Er ist zur Schule gegangen. Er hat einen Beruf gelernt. Er weiß, wie man einen Nagel in die Wand schlägt. Er weiß sogar, wie sich das anfühlt, wenn einem Nägel in die Hände geschlagen werden. Er hat bewiesen, dass er stärker ist als aller Hass, alle Menschenverachtung. Er hat den Tod besiegt.

Wenn sich einer auskennt, dann er! Wenn einer helfen kann, dann er!

Asa hat das nicht gesehen. Und – Hand aufs Herz – ich sehe das allzu oft auch nicht. Wälze mich nachts von einer Seite auf die andere. Mache mir Sorgen über Sorgen. Suche nach Lösungen, wo es keine zu geben scheint. Ich bete, klar – aber ich traue Gott oft nicht wirklich zu, dass er helfen kann: »Wenn ich keinen Weg sehe, sieht er mit Sicherheit auch keinen!« Mir geht es wie der Gemeinde in Jerusalem, die für die Freilassung ihres Gemeindeleiters Petrus betet. Als er vor der Tür steht – befreit durch einen Engel –, will es keiner glauben …

Wir müssen das Glauben erst noch lernen. Ich muss es lernen. Aber ich darf es auch lernen. Darf es immer wieder neu lernen. Gott nimmt mich behutsam an die Hand. Lächelt mir liebevoll zu. Verständnisvoll, aber vielleicht auch ein bisschen traurig, wenn er sieht, wie ich mich abmühe, ohne ihn um Hilfe zu bitten.

Bei Richard Foster habe ich gelernt, dass ich Gott meine Probleme schenken darf. Richtig schenken. Eingepackt in Geschenkpapier. »Hier hast du mein Problem!« Er freut sich darüber.

Ich habe ein Lied daraus gemacht:

Ich geb' dir meine Frage in endlos langer Nacht,
die Sorgen um mein Leben, um Einfluss, Geld und Macht.
Gedanken und Gefühle, oft dunkel, wirr und schwer.
Was drückt und was mich ängstet – ich geb' es gerne her.

Ich geb' dir meine Menschen, ich geb' dir Freund und Feind,
all das, was uns getrennt hat, und alles, was uns eint.
Die Worte und das Schweigen, die Trauer und die Wut.
Heil' uns're wunden Seelen – bei dir wird alles gut.

Ich geb' dir meine Sehnsucht nach Liebe und nach Sinn.
Die Bilder, wie ich sein will, und wie ich niemals bin.
Ich geb' dir meine Träume, ich geb' dir jedes Ziel.
Hier hast du meine Pläne und alles, was ich will.

Denn nur du, denn nur du kriegst das hin.
Pack ich's ohne dich an, hat's ja doch keinen Sinn.
Denn nur du, denn nur du kriegst das hin.

Natürlich: Wir sollen tun, was wir tun können. Aber das ist doch oft genug weniger, als wir meinen. Viel weniger. Was haben wir schon wirklich in der Hand?! Keinen anderen Menschen! Nicht mal uns selbst! Das Zwölf-Stufen-Programm der Anonymen Alkoholiker beginnt mit der Erkenntnis: Wir haben erkannt, dass wir nichts wirklich kontrollieren können – auch uns selbst nicht.

Aber Gott kann. Und er will helfen. Wenn wir ihn nur lassen. Vielleicht sogar durch Ärzte und andere Experten. Asa war, wie ich häufig bin. Häufig war. Denn ich habe zögernd und tastend angefangen, das zu ändern. Und nicht nur ich atme auf.

UNSER GOTT KOMMT UND
SCHWEIGT NICHT

Gott redet. Redet schon immer. Redet immer wieder. Schon am Anfang der Schöpfung: »Es werde!« Gott redet und ist damit anders als die Götzen. Folgerichtig nennt sie die Bibel: »stumme Götzen«. In Psalm 50 klingt's geradezu wie eine Fanfare:

»Aus Zion bricht an der schöne Glanz Gottes. Unser Gott kommt und schweiget nicht« (Verse 2-3).

Gott kommt. Alle anderen gehen. Gott spricht. Alle anderen schweigen. Wobei er immer wieder das Unerwartete sagt. Das Unbequeme oft auch. Psalm 50 ist ein Gerichtspsalm. Gott lädt sein Volk vor. Und alle Heidenvölker dazu. Gott hält Gericht. Will sagen: Er möchte die Menschen neu ausrichten auf sich und sein Wort. Er möchte die Welt neu einrichten, dass er unter ihnen wohnen kann. Gott hält Gericht, weil er zu Recht bringen will, weil er mit allen Ungerechtigkeiten aufräumen will.

»Unser Gott kommt und schweiget nicht.« Er will nicht schweigen und er kann es nicht. Aus Liebe. Auch das beginnt schon mit der Schöpfung. Adam und Eva, die ersten Menschen, laufen ihm aus der Schule, laufen ihm davon, laufen ihren eigenen selbstherrlichen und gottvergessenen Träumen nach. Und Gott läuft hinterher und spricht und ruft: Adam, wo bist du? Mensch, wo bist du? Versteck dich nicht. Alles kann wieder gut werden, wenn du zu mir zurückkommst.

Später schickt er Richter und Propheten. Und am Ende kommt er selbst. Jesus Christus – das ist Gottes Wort mit Hand und Fuß. »Das Wort ward Fleisch«, jubelt Johannes in seinem Evangelium (1,14).

Gott redet. Er redet auch heute. Er redet durch sein Wort. Er redet durch andere Menschen. Er redet durch Träume und Eingebungen. Er redet auch durch das Programm des ERF. Das sind immer die schönsten Hörerreaktionen, wenn ein Mensch schreibt: »Durch diese Sendung hat Gott selbst in mein Leben hineingesprochen.«

Immer wieder lockt Gott seine Menschen dorthin, wo sie nichts mehr ablenkt. Dem Propheten Hosea offenbarte er vor vielen Jahrhunderten das Geheimnis, das bis heute gilt. Da sagt Gott als »betrogener Ehemann« über die »Ehebrecherin Israel«:

»Ich will sie locken und will sie in die Wüste führen und freundlich mit ihr reden!« (Hosea 2,16).

Die Wüste ist der Ort der Zuwendung Gottes. Auch unsere Wüste. Manchmal werden wir hineingelockt. Manchmal müssen wir sie suchen. Weil die lärmenden Oasenmenschen auf die Dauer unerträglich sind. Weil sie oberflächlich leben, denken, glauben. Stille Wüstenmenschen sind Salz der Erde und Licht der Welt. Weil sie nicht länger auf sich selbst vertrauen, sondern auf die Gnade und Barmherzigkeit Gottes. Und dann diese Gnade und Barmherzigkeit leben und zu den anderen bringen.

Und woher weiß man, dass Gott gesprochen hat? Woher weiß man, dass man sich das alles nicht nur einbildet? Es braucht Übung, um die Stimme Gottes von der Stimme der eigenen Ängste und Sehnsüchte zu unterscheiden. Es braucht den vertrauten Umgang. Es braucht Erfahrung. Wer es gewohnt ist, auf Gottes Stimme zu hören, und wer dann auch noch bereit ist, dieser Stimme zu gehorchen, der wird sie immer leichter von allen anderen Stimmen unterscheiden können. Gottes Stimme ist die Stimme der Wahrheit und die Stimme der Liebe. Es ist die Stimme des Mannes aus Nazareth, des gekreuzigten und auferstandenen und wiederkommenden Herrn.

Wer unsicher ist, soll mit anderen vertrauenswürdigen Christen sprechen. Er soll das, was er gehört zu haben glaubt, am überlieferten und zu Papier gebrachten Wort Gottes überprüfen, an der Bibel also. Weil Gott sich nicht selbst widerspricht.

Und er soll keusch umgehen mit dem, was er gehört hat. Mancher erzählt allzu nassforsch und unbekümmert immer wieder davon, dass Gott mit ihm gesprochen habe, dass Gott ihm dieses oder jenes gezeigt habe. Lasst uns vorsichtig sein und keusch. Unser Umgang mit Gott geschieht vor allem im Verborgenen, im stillen Kämmerlein. Und da soll er auch bleiben. Er gehört nicht auf den Marktplatz.

Benedikt, der Begründer des westlichen Mönchtums, ordnet im 67. Kapitel seiner Regel an, wenn seine Mönche von einer Reise zurückkämen, müssten sie erst eine »Reinigungsschleuse« passieren:

Noch am selben Tag sollen sie sich im Gebetsraum auf den Boden werfen und alle um ihr Gebet bitten, wegen des eventuellen Übermaßes an schlechten Bildern und Informationen und nutzlosen Ansprachen, dem sie unterwegs ausgesetzt waren. Keiner nehme sich heraus, einem anderen alles zu berichten, was er außerhalb des Klosters gesehen oder gehört hat, denn das richtet gewaltigen Schaden an.

Doch natürlich redet Gott auch auf dem Marktplatz, wie in unserem Psalm. Weil er nicht nur für mich ein Herz hat, nicht nur für meine Gemeinde, nicht nur für die Kirche, nicht nur für seine Leute, sondern weil er ein Herz hat für die ganze Welt. Und er benutzt Menschen und nicht zuletzt Medien dazu, um zu den Menschen zu reden: »Kommt zurück zu mir, denn nur bei mir gibt es das Leben.«

BETHAUS GEMEINDE

Er war das religiöse und soziale Zentrum des Volkes Israel: der Tempel auf dem Berg Morija in Jerusalem. Hier wurde geopfert. Hier wurde gebetet. Hier war sozusagen die Nabelschnur zwischen Gott und seinem Volk. Gott hatte sich hier niedergelassen. Er wohnte hier. Für fromme Juden gilt das bis heute. Eines der letzten Überbleibsel des alten heorodianischen Tempels, die Westmauer, ist bis heute für sie der Platz, an dem die Herrlichkeit Gottes wohnt. Tag und Nacht findet man meist schwarz gekleidete orthodoxe Juden, die hier beten und singen, die vor Gott klagen und ihn loben. Im Tempel gab es den Vorhof der Heiden. Hier durften auch die hinein, die nicht zum jüdischen Volk gehörten, und an der Westmauer des Tempels mischen sich heute Menschen aus allen Ländern und Nationen unter die betenden Juden. Gott war immer schon der Gott der ganzen Welt. In Jesaja 56, Vers 7 lässt er ausrichten: »Mein Haus wird ein Bethaus heißen für alle Völker.« Ein Bethaus. Und eins für alle Völker.

Die Menschen, die an den Messias Jesus glauben, sehen sich heute auch als Tempel, als Tempel aus Fleisch und Blut, als Tempel aus lebendigen Menschen. So gilt dieser Satz aus dem alten Prophetenbuch wohl heute auch für die Gemeinde: Sie soll ein Bethaus heißen. Für alle Völker.

Ist sie das? Ist die Gemeinde von Jesus Christus ein Bethaus? Ist meine Gemeinde ein Bethaus? Wird hier mehr als alles andere gebetet? Wird Gott gelobt? Wird vor ihm geklagt? Werden Gott die Bitten seiner Leute vorgetragen?

Hand aufs Herz: Die Gebetsstunden, die in den meisten Gemeinden stattfinden, sind oft die am schlechtesten besuchten Veranstaltungen des Gemeindelebens. Und der Sonntagmorgengottesdienst hat in vielen Gemeinden seine zentrale Rolle längst eingebüßt. Da gibt es durchaus Veranstaltungen im Laufe eines Monats, die besser besucht sind. Aber wir wollen uns heute daran erinnern, dass die Gemeinde vor allem ein Bethaus ist.

Die Evangelien schildern, wie Jesus einmal im Tempel die Verkäufer und Käufer verjagt und die Tische der Geldwechsler und die Stände der Taubenhändler umstößt und genau diesen Satz aus dem Buch des Propheten Jesaja zitiert: »Mein Haus wird ein Bethaus heißen.«

Aber nicht nur einfach ein Bethaus, sondern ein »Bethaus für alle Völker«. Ein Bethaus, dessen Türen sperrangelweit aufstehen und das nicht nur für die da ist, die schon immer dazugehört haben. Gott will, dass wir andere Menschen mit hineinnehmen in unseren Lobgesang und in unsere Klagegesänge. Wer die Türen abschließt, damit niemand Fremdes hineinkommen kann, um einen exklusiven Umgang mit Gott zu pflegen, hat noch nicht verstanden, dass Gott alle Menschen liebt, dass Jesus für alle Menschen gestorben ist.

Umfragen zeigen es immer wieder: Die meisten Menschen hierzulande, die beten, haben bestenfalls eine blasse Ahnung davon, was es heißt, mit Gott zu sprechen. Wir wollen sie mitnehmen in unser Gespräch mit dem lebendigen Gott und ihnen so Halt und Hoffnung für ihr Leben vermitteln, ihnen den Weg zur Erlösung zeigen und zum ewigen Leben.

»Mein Haus wird ein Bethaus heißen für alle Völker.« Das ist ja eigentlich keine Forderung. Das ist eine Verheißung. Und auf diese Verheißung wollen wir vertrauen und die Türen weit aufmachen.

DAS ERINNERUNGSFEST

Begeben wir uns für einen Moment in die Wüste. Mischen wir uns für einen Moment unter das Volk Israel, das gerade in einer dramatischen Aktion die Sklaverei in Ägypten hinter sich gelassen hat, das voller Hoffnung und Freude aufgebrochen ist in die Freiheit und nun völlig überraschend doch mit dem Schlimmsten rechnen muss, mit dem sicheren Untergang, mit einem Völkermord ohne Beispiel. Denn die Truppen des Pharao sind ihnen auf den Fersen.

Gerade noch himmelhoch jauchzend, jetzt zu Tode betrübt.

Die Stimmung ist rapide umgeschlagen. Und die Angst findet ein Opfer. Mose, den Anführer, den Befreier. »Warum hast du uns nicht gleich in Ägypten sterben lassen? Warum hast du uns nicht in Ruhe gelassen?« Und dann sagt Mose einen Satz, der in den Augen vieler Israeliten an Naivität wohl nicht zu überbieten ist:

»Der Herr wird für euch streiten, und ihr werdet stille sein« (2. Mose 14,14).

Sie haben ihn bitter ausgelacht. Denn was, davon waren sie überzeugt, was konnte der Herr, jener Gott, den sie selbst noch gar nicht richtig kannten, denn schon gegen das Heer der Weltmacht Ägypten ausrichten?

Wir wissen, was die Israeliten noch nicht wissen, nämlich dass sie staunen werden, dass sie Unfassbares erleben werden, dass Gott einen starken Ostwind wehen lässt, der das Wasser des vor ihnen liegenden Meeres teilt, und dass das Heer des ägyptischen Pharao in den zurückschlagenden Wellen ertrinken wird. Wir wissen, was sie noch nicht wissen. Und wir sind deswegen geneigt zu sagen: Ihr müsst keine Angst haben. Vertraut Mose. Vertraut Gott. Er wird euch mit seinen Wundern immer wieder überraschen.

Aber wenn wir selbst in einer ähnlichen Situation stecken? Das Meer vor uns. Die Ägypter hinter uns. Sagen wir es dann uns selbst? Oder reagieren wir nicht genauso panisch wie die Israeliten damals? Halten wir dann nicht auch einen solchen Glaubenssatz für geradezu naiv: »Der Herr wird für euch streiten, und ihr werdet stille sein«?

Was hilft denn, wenn man in einer solchen Situation steckt? Was kann denn den Unglauben begrenzen und den Glauben stärken? Nicht zuletzt die Erinnerung. Die Erinnerung an die großen Taten Gottes. Nicht nur die Bibel ist voll davon. Auch unser eigenes Leben. Sich erinnern an den Gott, der immer wieder geholfen hat, der Wunder auf Wunder getan hat, damit seine Menschen ans Ziel kommen.

Die Juden erinnern einander bis heute an jedem Passahfest an dieses Wunder der Befreiung. Wir Christen erinnern uns an den großen kirchlichen Festtagen an die Heilstaten Gottes. Aber manchmal müssen wir uns auch gegenseitig erinnern: Weißt du noch damals, als wir auf der Flucht waren, als wir nichts zu essen hatten, als alles ausweglos schien, als du dich verraten und verkauft gefühlt hast, als dich der Mensch, der dir am liebsten war, im Stich gelassen hat? – Du hast Gottes Hilfe erlebt. Du hast sie erfahren. Gott ist seitdem nicht älter geworden. Er ist seitdem nicht müder geworden, nicht ideenloser. Er wird dir auch heute helfen.

Jeder von uns steht vor besonderen Herausforderungen, vor kleinen, vor großen. Und jeder von uns steht vielleicht vor einer Situation, bei der ihm so gar keine Lösung einfällt, für die er so gar keinen Ausweg sieht. Was Mose seinen Israeliten damals gesagt hat, sagt Gott auch uns heute. Wir wollen es hören und wir wollen es zu glauben versuchen: »Der Herr wird für euch streiten, und ihr werdet stille sein.«

EIN MENSCH SIEHT, WAS
VOR AUGEN IST

Ein Mensch sieht, was vor Augen ist; der HERR aber
sieht das Herz an. (1. Samuel 16,7)

Alles passte, alles saß: der Anzug, die Frisur, die Brille. Jede Geste, jedes Wort. Ein Gewinner. Sympathisch, kompetent, dynamisch. Einer, auf den man sah, auf den man hörte. Was keiner wusste: Seine Dynamik brauchte den täglichen Kokainschub. Ein Mensch sieht, was vor Augen ist ...

Nichts passte. Nichts saß. Der Anzug roch nach Mottenkugeln. Die Worte kamen zögernd. Immer ging er ein bisschen gebückt. Einer, den man übersah, überhörte, überstimmte. Was keiner wusste: Er pflegte zu Hause seit Jahren zärtlich und hingebungsvoll seine alzheimerkranke Frau. Ein Mensch sieht, was vor Augen ist ...

Ein Mensch sieht, was vor Augen ist. Und täuscht sich zuweilen gewaltig. Wir sehen Oberflächen. Wir sehen Äußerlichkeiten. Und ziehen dann unsere schnellen Schlüsse. Sind manchmal in Bruchteilen von Sekunden fertig mit »dem« oder mit »der«, haben ein fest umrissenes Bild im Kopf und wenden uns ab.

Es ist ja merkwürdig, was da in unseren Köpfen passiert. Unsere Augen nehmen bestimmte Signale auf und leiten sie ans Gehirn weiter. Das Gehirn fügt sie zusammen und präsentiert uns das Ergebnis. Da ist uns einer auf Anhieb sympathisch und ein anderer auf Anhieb unsympathisch. Da gibt es zuweilen die berühmte Liebe auf den ersten Blick und wohl auch die Abneigung auf den ersten Blick. Manchmal später, wenn wir ein zweites oder drittes Mal hingeschaut haben, wenn wir unser Gegenüber wirklich wahrgenommen haben, erleben wir eine Überraschung, eine angenehme Überraschung oder eine unangenehme. Manchmal sagen wir dann: »Ich bin enttäuscht von dir.« Und das sagt doch nichts anderes als: »Ich habe mich in dir getäuscht.« Anders gesagt: »Ich habe beim ersten Mal nicht so genau hingeschaut. Das, was ich jetzt erlebe, entspricht nicht dem Bild, das ich mir bei unserer ersten Begegnung von dir gemacht habe.«

Ein Mensch sieht, was vor Augen ist, und täuscht sich zuweilen gewaltig. Gott aber sieht das Herz an und täuscht sich nie.

Gott blickt tiefer. Gott blickt durch. Gott sieht mich, wie ich wirklich bin, was ich denke, was ich fühle. Er sieht meine Gaben und meine Grenzen, meine Tränen und meine Träume, meine Sorgen und meine Sehnsüchte, meine Geschichte und meine Gegenwart, meine Wünsche und meine Widersprüche. Gott sieht auch die Verstrickungen meiner Schuld. Gott sieht, was mich begeistert und was mich zu Boden drückt. Gott sieht das alles und ist darum nie enttäuscht von mir. Gott sitzt keinen Enttäuschungen auf. Gott fällt auf keine Täuschungsmanöver herein.

Doch was noch größer, noch unfassbarer ist: Er wendet sich nicht ab, nachdem er hingesehen hat. Im Gegenteil, er wendet sich seinen Menschen zu. Er wendet sich mir zu. Sein Blick ist ein Blick voller Liebe. Voller Erbarmen. Voller Vergebung. Gott blickt mit den Augen seines Sohnes Jesus.

Und der möchte, dass wir mit ebendiesem Blick nun auch auf andere blicken. Jesus mahnt seine Leute im Johannesevangelium: »Richtet nicht nach dem, was vor Augen ist, sondern richtet gerecht« (7,24).

Gerecht. Will sagen: Richtet sachgerecht. Menschengerecht. Gottgerecht. Richtet so, urteilt so, wie ihr von Gott gerichtet und beurteilt werdet. Mit Liebe. Mit Erbarmen. Mit Vergebung.

Lassen Sie uns mit einem Liedvers von Viktor Friedrich von Strauß und Thorney beten:

»Du willst den Tod des Sünders nicht, du gehst mit uns nicht ins Gericht; wie dürfen wir denn richten? Lass immer mild des Nächsten Bild durch unser Wort sich lichten.«

INS TAL

Sie wandern bergab. Immer nur bergab. Zwei Menschen auf dem Weg in die enge, dunkle Schlucht der Verzweiflung. Tief in ihren Knochen die größte Enttäuschung ihres Lebens. Ihr Meister, ihr Herr, ihr Freund wurde verurteilt, gefoltert, gekreuzigt. Und mit ihm alle ihre Hoffnungen. Unvorstellbar! Unfassbar! Er war doch ihr Leben! Nun ist er tot. Und sie sind es mit ihm.

Erinnerungen blitzen durch die Seele. Ein paar Monate zuvor erst waren sie diesen Weg bergauf gelaufen. Voller Elan. Der Sonne entgegen. Mit Jesus wollten sie ziehen, die Zukunft fest im Blick. Eine helle, hoffnungsfrohe Zukunft.

Und nun? Was ist da eigentlich passiert? Noch haben sie das »Hosianna« in den Ohren. Aber auch das brutale »Kreuziget ihn!« In wenigen Tagen ist die Zukunft gestorben. Sie verstehen nichts mehr. Wollen nur noch nach Hause. Zurück in die vertraute Vergangenheit. Auch wenn nichts jemals mehr so sein wird, wie es einmal war.

Der Heimweg ist ein Weg der Ohnmacht und der Resignation. Sie laufen und rutschen immer tiefer ins Tal der Verzweiflung.

Solche Situationen kennst du? Vielleicht. Aber diese hier ist schlimmer. Viel schlimmer. Nimm alle Enttäuschungen deines Lebens zusammen, dann ahnst du, wie ihnen zumute ist.

Wie gut, dass sie wenigstens einander haben. Reden befreit. Reden wäscht den Schlamm von der Seele. Denn du weißt, du bist nicht ganz allein in deinem Schmerz. Aber manchmal zieht man einander nur noch tiefer in die Resignation. Redet alles nur noch schlimmer. Und die Lage ändert sich kein noch so kleines bisschen.

Als plötzlich ein geheimnisvoller Dritter neben ihnen geht. Und die Sonne aufgeht. Die sie aber nicht sehen. Augen und Seele und Sinne sind vom Dunkel vor ihnen gebannt.

Wer ist dieser geheimnisvolle Mann? Wir wissen es längst. Sie aber wissen es nicht. Warum erkennen sie ihn nicht, obwohl sie so lange mit ihm unterwegs waren? Weil sie jeden, aber nicht ihn erwartet haben? Weil ihre verheulten Augen nicht deutlich und scharf sehen konnten? Weil er derselbe und doch nicht mehr derselbe ist? Tatsächlich liegt eine lange Reise hinter dem Auferstandenen. Die längste Reise, die ein Mensch antreten kann: vom Leben in den Tod und zurück vom Tod ins Leben.

Und sie gehen zu dritt ins Tal. Mit der Sonne über ihnen. Für die sie blind sind. Mit dem Gekreuzigten und Auferstandenen an ihrer Seite. Den sie nicht erkennen. Er, der seit dem Ostermorgen nicht mehr an Raum und Zeit gebunden ist. Der gleichzeitig auf dem Weg nach Emmaus sein kann und in Jerusalem beim verängstigten Rest der Jünger.

Und hier. Bei dir. Jesus geht mit in deine Täler. Er hält sich nicht raus. Er geht mit in die Enttäuschungen und Verletzungen deines Lebens. Er geht mit in deinen Tod. Ob du's spürst oder nicht. Ob du ihn erkennst oder nicht.

Aber auf Dauer will er nicht unerkannt bleiben. Damit Trost und Leben in dein Leben ziehen können. Darum fragt er, was los ist. Obwohl er's weiß. Aber Menschen sollen sagen, was sie denken, was sie fühlen. Sollen ihren Schmerz ans Licht lassen. Ans Licht der Liebe Gottes. Ans Licht seiner Barmherzigkeit. Und alles wird anders. Also sag's! Sag's Gott! Schütte dein Herz bei ihm aus! Wirf ihm die Sorgen und Zweifel deines Lebens vor die Füße!

Den beiden Jüngern erklärt er die Hintergründe des Geschehens. Das tut er nicht immer. Aber wenn's um ihn geht, muss er's wohl tun. Wenn ich verstehen will, wer Jesus ist, was er will und was er tut, muss ich mir das schon von ihm selbst erklären lassen.

Ganz nahe ist er ihnen gekommen, der geheimnisvolle Dritte. So nah, dass sie sich nicht mehr vorstellen können, ohne ihn in die Nacht zu gehen. Und sie bitten ihn: »Herr, bleibe bei uns, denn es will Abend werden!« Obwohl es längst Abend ist in ihrer Seele. Doch aus Erinnerung wird allmählich Hoffnung.

Endlich, als er das Brot bricht, erkennen sie ihn. Und ihr Blick schnellt in die Höhe. Und sie entdecken die strahlende Sonne über ihnen.

Und – sind wieder allein. Aber alles ist anders geworden. Jesus lebt! Das Leben lebt! Die Hoffnung lebt! Und nichts hält sie mehr im Tal. Auch wenn's dunkel ist – sie machen sich auf den Rückweg. Zu den verängstigten Jüngern. Aber sie spüren die Steigung nicht. Es geht bergauf. Endlich geht es wieder bergauf. Denn Jesus lebt! In sich gekrümmt und in Selbstmitleid gefangen waren sie ins Tal gewandert. Aufgerichtet, lachend und übersprudelnd vor Glück nehmen sie nun die anderen in den Blick.

Jesus lebt! Das muss unter die Leute!

Kann so etwas auch heute passieren? Ja, und es passiert immer wieder. Zum Glück. In einem Gottesdienst. Bei einer Meditation. Bei einem Gebet. Beim Lesen seines Wortes. Beim Betrachten eines Bildes.

Und die Sonne geht auf über unseren Gräbern. Der Tag besiegt die Nacht. Und wir wissen wieder: Der Tod ist besiegt! Auf ewig besiegt! Er hat nicht mehr das letzte Wort über unser Leben und über diese Welt! Die Finsternis ist in die Ecke getrieben, ins Abseits gestellt. Und wir sind Boten der Hoffnung und des Lebens.

Wer's mit Gott zu tun bekommt, muss zweimal hinschauen. Unsere Wirklichkeit ist nicht die ganze Wirklichkeit. Seine Wirklichkeit ist wirklicher als unsere. Und seine Wirklichkeit heißt: Jesus lebt!

Wer nach Emmaus gewandert ist, kann nicht mehr einstimmen ins allgemeine Wehklagen. Jesus lebt! Wer nach Emmaus gewandert ist, muss nicht verzweifeln, wenn alles verloren erscheint. Jesus lebt! Und selbst wenn's ans eigene Sterben geht, kann er beten, sagen, singen: Jesus lebt, mit ihm auch ich!

PUA UND SCHIFRA 2.0

Wer in Jerusalem unter einer kundigen Reiseleitung die Holocaust-Gedenkstätte Yad Vashem besucht, wird oft als Erstes in die »Allee der Gerechten« und in den »Garten der Gerechten unter den Völkern« geführt.

Unter Bäumen viele kleine Gedenktafeln und größere Platten, auf denen die Namen von lauter nicht jüdischen Menschen und Organisationen stehen, die während der Zeit der Nazidiktatur Juden geschützt und gerettet haben. Oskar Schindler findet man da, Berthold Beitz und die Namen von ungezählten Unbekannten. Vielleicht irgendwann auch Ernst Leitz.

Menschen, die zum Teil unter Einsatz ihres eigenen Lebens andere vor der Deportation und der grausamen Vernichtung bewahrt haben. Die meisten von ihnen sind Polen, Niederländer und Franzosen. Die Familie der Holländerin Corrie ten Boom gehört dazu. Aber auch 476 deutsche Namen sind darunter.

Rund 24000 Menschen werden auf diese Weise geehrt. Gerechte unter den Völkern – der Name bezieht sich auf einen Satz aus dem jüdischen Talmud: »Die Gerechten aus den Völkern haben einen Platz in der kommenden Welt.«

Wer hier geehrt wird, bekommt eine Medaille mit einem eindrucksvollen Satz aus dem Mischna-Traktat Sanhedrin: »Wer immer ein Menschenleben rettet, hat damit gleichsam eine ganze Welt gerettet.«

Sie alle sind – irgendwie – Nachkommen von Pua und Schifra, diesen beiden hebräischen Hebammen, die sich vor vielen Tausend Jahren in Ägypten gegen den Befehl des Pharao gestellt haben, alle hebräischen Jungen zu töten. Und die im Grunde damit die Basis dafür gelegt haben, dass das Volk viele Jahre später aus ägyptischer Gefangenschaft befreit wird. Denn einer der geretteten Jungen heißt Mose …

Zurück nach Yad Vashem. Direkt daneben liegt der kleine Ort Ein

Karem, zu Deutsch: Quelle des Weinbergs. Hier erinnert eine Kirche an den, durch den buchstäblich die ganze Welt befreit wurde, aus ewiger Gottesferne befreit wurde: Jesus.

Sie erinnert aber auch an die wundersame Begegnung von zwei schwangeren Frauen: Maria und Elisabeth. Eine junge Frau kommt hierher. Ihr ist passiert, was noch keiner jungen Frau vor ihr passiert ist. Sie ist schwanger mit dem Sohn Gottes. Ein Geheimnis, das sie kaum verstehen kann.

Maria, die junge Frau, braucht Abstand. Sie braucht Zeit zum Denken. Zeit zum Beten. Zeit, um all das verstehen zu können. Diese Zeit will sie bei ihrer Verwandten verbringen, bei Elisabeth, die auch schwanger ist. Genauso unerwartet schwanger.

Während Maria im Bergland Judäas unterwegs ist, formt sich in ihr ein Gebet, ein Lied. Lukas hat es in seinem Evangelium überliefert. Und es bildet den leisen Cantus firmus seiner Erzählungen. Klingt überall mit. Scheint überall durch. Wir kennen es als das berühmte Magnifikat. Nach den ersten Worten aus diesem Lied. Auf Lateinisch nämlich beginnt es so: »Magnificat anima mea dominum.« Auf Deutsch: »Meine Seele preist den Herrn.«

Ein paar Sätze aus diesem Text, aufgezeichnet im Lukasevangelium:

Gelobt sei der Herr! Seine Barmherzigkeit gilt von Generation zu Generation allen, die ihn ehren. Sein mächtiger Arm vollbringt Wunder! Wie er die Stolzen und Hochmütigen zerstreut! Er hat Fürsten vom Thron gestürzt und niedrig Stehende erhöht. Die Hungrigen hat er mit Gutem gesättigt und die Reichen mit leeren Händen fortgeschickt. Und nun hat er seinem Diener Israel geholfen! Er hat seine Verheißung nicht vergessen, barmherzig zu sein, wie er es unseren Vorfahren – Abraham und seinen Kindern – immer verheißen hat. (Lukas 1,46-47.50-55; NLB)

Beinahe revolutionär klingt das. Und der Revolutionär ist Gott selbst. Er stellt die Verhältnisse, die in dieser Welt herrschen, auf den Kopf. Und rückt sie dabei zurecht. Weist Menschen den Platz zu, der ihnen zusteht. Setzt ab und richtet auf. Und stillt dabei den Hunger nach Gerechtigkeit, der wohl in jedem Menschen wohnt. Den Hunger nach Gottgerechtigkeit, Schöpfungsgerechtigkeit, Menschengerechtigkeit. Gott ist der große Befreier aus jeder Form von Sklaverei.

Und er engagiert Menschen, die sich auf ihn eingelassen haben, für denselben Auftrag.

William Wilberforce war so einer. Von 1759 bis 1833 hat er gelebt. Wilberforce war viele Jahre britischer Parlamentarier. Berühmt wurde er durch sein Engagement gegen den Sklavenhandel und die Sklaverei. 18 lange Jahre hat er dafür gekämpft, geredet, geschrieben, gestritten. Gegen heftige Widerstände. Am 24. Februar 1807 um vier Uhr morgens endlich wurde das Gesetz gegen den Sklavenhandel nach zehnstündiger Debatte mit überwältigender Mehrheit von 283 zu 16 Stimmen angenommen. Sklavenhändler galten vor dem Gesetz fortan als Piraten. Bis dahin waren sie »ehrbare« Kaufleute gewesen.

Dieses Gesetz galt zunächst nur für das Gebiet des britischen Königreichs. Das aber ließ Wilberforce keine Ruhe. Er kämpfte weiter. Und hatte Erfolg. Land um Land schloss sich den Briten an.

Doch noch gab es Sklaven. Menschen ohne Menschenrechte und Menschenwürde. Nun kämpfte er genauso energisch wie zuvor gegen den Handel für die völlige Abschaffung der Sklaverei. Die wurde in Großbritannien schließlich am 26. Juli 1833 besiegelt. Drei Tage vor seinem Tod.

William Wilberforce wurde in der Westminster Abbey begraben. Und damit besonders geehrt.

Sein Motiv: der Glaube an einen gerechten und liebevollen Schöpfer und an die Würde seiner Geschöpfe. Vor dem Unterhaus sagte er einmal: »Mir erschien die Verderbtheit des Sklavenhandels so enorm, so furchtbar und nicht wiedergutzumachen, dass ich mich uneingeschränkt für die Abschaffung entschieden habe. Mögen die Konsequenzen sein, wie sie wollen, ich habe für mich beschlossen, dass ich keine Ruhe geben werde, bis ich die Abschaffung des Sklavenhandels durchgesetzt habe.«

Das hätte Jesus – in einem viel umfassenderen Sinne – vielleicht so ähnlich gesagt ...

Menschen sind unterwegs mit Gott, weil er befreit. Und werden selbst Menschen, die dafür leben und arbeiten, dass andere befreit werden.

KLAMOTTEN ABGEBEN

Diese Predigt von Klaus Vollmer werde ich wohl mein ganzes Leben lang nicht vergessen. Ich habe sie oft gehört, weil ich sie auf einer kleinen Schallplatte hatte. Vor jungen Leuten sprach der Evangelist aus Hermannsburg über das Thema »Gnade«. Vor jungen Leuten, die schon damals vor 40 oder 50 Jahren kaum noch eine Ahnung davon hatten, was das eigentlich bedeutet. Wilde Kerle, die immer wieder in Schlägereien verwickelt waren und die meinten, ihre Männlichkeit vor allem durch exzessiven Alkoholgebrauch und Drogenkonsum unterstreichen zu müssen.

»Stellt euch vor«, sagte Klaus Vollmer, »ihr habt etwas ganz Schlimmes ausgefressen und ihr steht vor dem Richter. Und der Richter verurteilt euch zu einer richtig saftigen Gefängnisstrafe. Und ihr wisst, dass ihr keine Berufung einlegen könnt. Die Sache ist einfach klar. Das Urteil ist gesprochen. Da steht einer auf, geht nach vorne und sagt: ›Herr Richter, überschreiben Sie die Tat bitte auf mich. Und dann überschreiben Sie die Strafe auf mich.‹ Und der Richter, der erst erstaunt ist, tut das. Und stell dir vor«, so Klaus Vollmer, »dann geht ein anderer für dich in den Bau. Und du verlässt den Gerichtssaal als einer, der sich nie etwas hat zuschulden kommen lassen. Das ist Gnade.«

Genau das tut Gott mit uns Menschen. Er überschreibt alles, was wir tun; alles, was wir denken; alles, was wir sagen, auf den Namen seines Sohnes Jesus Christus. Und er überschreibt die Strafe dafür auf den Namen seines Sohnes Jesus Christus. Und der geht ans Kreuz. Der lässt sich dafür hinrichten. Und ich darf leben wie einer, der sich nie etwas hat zuschulden kommen lassen. Ich bin ein freier Mann, eine freie Frau. Und ich bin es in alle Ewigkeit. Das ist Gnade. Das ist göttliche Gnade.

Natürlich passiert so etwas im normalen Leben nicht. Zwischen uns Menschen kommt das nicht vor. Und weil es zwischen uns Menschen nicht vorkommt, zweifeln wir immer wieder daran, dass so etwas zwischen Gott und seinen Menschen vorkommen könnte.

Gnade widerspricht allen unseren menschlichen Gesetzmäßigkeiten. Wir können es oft nicht glauben, dass Gott uns gnädig ist. Dass diese Gnade gilt. Dass er seine Unterschrift gegeben hat. Und dass ich mir das eigentlich nur gefallen lassen muss. Dass ich nichts selbst dazutun kann.

Aber Christsein heißt nicht mehr und nicht weniger als das: Ich verlasse mich bedingungslos auf die Gnade Gottes im Leben und im Sterben. Ich verlasse mich auf das, was Jesus für mich getan hat. Ich verlasse mich darauf, dass meine Schuld vergeben ist in Zeit und in Ewigkeit, dass er diese Schuld nicht irgendwann wieder hervorholt und sie mir unter die Nase hält. Vergeben ist vergeben.

Johannes, der Evangelist, schreibt im berühmten 1. Kapitel seines Evangeliums: »Von seiner Fülle haben wir alle genommen Gnade um Gnade.« Nicht einfach nur Gnade einmal, sondern Gnade um Gnade. Gnade immer wieder. Gnade jeden Tag neu. Gnade jede Minute neu. Wir können das, weil wir aus seiner Fülle nehmen. Der Gnadenvorrat Gottes geht nicht irgendwann zur Neige. Fülle ist Fülle. Das griechische Wort, das hier steht, sagt auch: Diese Fülle ist komplett. Sie ist nicht erschöpfbar. Von dieser Gnade leben wir. Wegen dieser Gnade glauben wir. Mit dieser Gnade sind wir unterwegs in der Welt. Diese Gnade bringen wir zu den Menschen mit dem, was wir tun, und mit dem, was wir sagen. Wir bringen Gnade zu den Menschen und nicht in erster Linie Moral.

Damals bei Klaus Vollmer kamen viele von den schweren Jungs zum Glauben. Kamen nach vorne und sagten: Hier geben wir »unsere Klamotten ab«. Hier werden wir los, was uns belastet. Hier tauschen wir das alles ein gegen die Gnade Gottes, gegen seine unerschöpfliche Liebe. Etwas Großartigeres kann man wohl nicht erleben. Das krempelt das Leben um, das Denken. Das krempelt das Herz um. Und das Schöne ist: Solche Erfahrungen dürfen wir jeden Tag neu machen. Jetzt bei Gott die Klamotten abgeben und sie eintauschen gegen Gnade, gegen Liebe und sich mit dieser Gnade und mit dieser Liebe auf den Weg machen in die Welt.

»LASS MICH DEINE HERRLICHKEIT SEHEN!«

Da ist etwas zerbrochen zwischen Gott und seinem Volk. Buchstäblich zerbrochen. Eben noch hat Mose auf dem Berg von Gott die zwei steinernen Tafeln mit dem Bundesgesetz bekommen, als ihm unten im Tal ein Volk begegnet, das sich längst einen eigenen Gott gemacht hat und nach eigenen Gesetzen lebt und glaubt. Mose ist so erschüttert, dass er die Tafeln zerschmettert. Es folgt ein unbarmherziges Gericht an den Rädelsführern dieses Aufstands gegen Gott.

Dann versucht Mose den Neuanfang. »Ich will jetzt zum Herrn hinaufsteigen. Vielleicht kann ich erreichen, dass er euch die Schuld vergibt«, sagt er. Und dann entwickelt sich ein geradezu herzzerreißendes Gespräch zwischen Gott und seinem Vertreter auf der Erde, Mose. Am Ende ist Gott zu einem Neuanfang bereit. Er zieht seine Verheißung nicht zurück.

Allerdings kommt das Volk, das Mose aus Ägypten geführt hat, in der Wüste um. Erst die nächste Generation darf das Gelobte Land betreten.

Mose, der Vermittler zwischen Himmel und Erde, steht damit erneut vor einer gigantischen Aufgabe, und er weiß, dass er diese Aufgabe nur bewältigen kann, wenn Gott selbst an seiner Seite ist.

»Wenn du nicht mitgehst, wäre es besser, du ließest uns hierbleiben«, sagt er und bittet schließlich: »Lass mich deine Herrlichkeit sehen!« (2. Mose 33,18). »Denn dann weiß ich, dass du mit uns bist«.

»Lass mich deine Herrlichkeit sehen!« Hier steht das hebräische Wort: *kabod*. Das bedeutet: Glanz, Herrlichkeit, Ehre. Diese Herrlichkeit ist nicht Gott selbst. Es ist die Wirkung, die von ihm ausgeht. Niemand kann Gott sehen. Niemand darf Gott sehen. Menschliche Augen würden das nicht ertragen. Gott sagt auch zu Mose:

»Wenn meine Herrlichkeit vorüberzieht, werde ich dich in einen Felsspalt stellen und dich mit meiner Hand bedecken, bis ich vorüber bin. Dann werde ich meine Hand wegnehmen und du kannst mir nachschauen. Aber von vorne darf mich niemand sehen.«

So ist das bis heute. So ist das auch bei uns. Wir sehen die Spuren Gottes in unserem Leben und in dieser Welt. Wir sehen nie ihn selbst. Aber wir dürfen ihn immer wieder bitten, dass er uns auf diese Spuren aufmerksam macht. Dass wir seine Gnade sehen mitten in der Schuld unseres Lebens. Dass wir seine Herrlichkeit sehen mitten im Elend dieser Welt. Dass wir seine Liebe entdecken in aller Verlassenheit unseres Herzens.

So können wir dieses Gebet von Mose zu unserem eigenen kleinen Gebet machen: »Lass mich deine Herrlichkeit sehen.« Lass sie mich sehen, damit ich glauben und vertrauen kann. Lass sie mich sehen, damit ich nicht am Leben verzage. Gott wird dieses Gebet erhören.

Und was zeigt er uns, wenn wir ihn bitten, uns seine Herrlichkeit zu zeigen? Er zeigt uns Jesus, seinen Sohn, den Gekreuzigten, den Auferstandenen, den Wiederkommenden. In diesem Jesus ist Gott aus seiner Unsichtbarkeit herausgetreten. In diesem Jesus wohnt der ganze Glanz Gottes. Seine ganze Liebe, seine ganze Ehre, seine ganze Barmherzigkeit, seine ganze Herrlichkeit. So können wir unser Gebet noch ein bisschen konkreter fassen und sagen: »Lass mich Jesus sehen.« Gott wird dieses Gebet erhören.

ALLES KAPUTT

Wir schreiben das Jahr 1945. Die Stunde null in Deutschland und in manchen anderen Ländern Europas. Das Jahr der Orientierungslosigkeit.

Aber es ist auch das Jahr der Friedensboten, der Hoffnungsboten. Im November 1945 wird in den USA die private Hilfsorganisation Care gegründet. Sie soll Hilfsaktionen für Europa koordinieren. Die ersten Lebensmittellieferungen stammen aus den Depots der amerikanischen Armee. Zwischen 1946 und 1960 werden fast 10 Millionen Care-Pakete nach Deutschland, nach Österreich und in andere europäische Staaten verschickt. Kraftbrühe, Steaks, Speck, Margarine, Zucker, Schokolade, Kaffee, Rosinen und vieles mehr.

Aber in den Paketen steckt mehr als Nahrung für den Körper; es steckt auch Nahrung für die Seele drin. Jeder, der ein solches Paket in den Händen hält, weiß: Ich bin nicht vergessen. Wir sind nicht vergessen. Alles kann gut werden. Wir können neu anfangen.

Wie unvergleichlich kostbar ist es, wenn Menschen solche Hoffnungszeichen, solche Friedenszeichen, in die Trümmerlandschaften dieser Welt schicken. Mancher wird sich damals an einen Vers aus dem Buch des Propheten Jesaja erinnert haben, Kapitel 52, Verse 7: »Wie lieblich sind auf den Bergen die Füße der Freudenboten, die da Frieden verkündigen, Gutes predigen, Heil verkündigen, die da sagen zu Zion: Dein Gott ist König!«

Zum ersten Mal hat ein Volk diesen Satz gehört, das in einer ähnlich verzweifelten Situation war. Das Volk Juda, das in der sprichwörtlich gewordenen Babylonischen Gefangenschaft steckt. Den Kopf und die Seele voller Erinnerungen an das zerstörte Jerusalem, an die zerstörten Beziehungen, an die zerstörten Lebenshoffnungen. Ihr Land ist verbrannt und verwüstet und ihre Seelen sind es auch.

Da erreicht sie dieses Hoffnungssignal, dieses Friedenssignal, und es kommt direkt aus dem Himmel. Es ist eine Zusage von Gott: Ich habe euch nicht vergessen. Ich habe euer Schreien gehört. Ich bringe euch zurück in euer zerstörtes Land. Ihr könnt noch einmal ganz von vorne anfangen. Ich komme. Ich komme zurück, und ich bringe all das, was ihr so schmerzhaft vermisst. »Seid fröhlich und rühmt miteinander, ihr Trümmer Jerusalems; denn der HERR hat sein Volk getröstet und Jerusalem erlöst. Der HERR hat offenbart seinen heiligen Arm vor den Augen aller Völker, dass aller Welt Enden sehen das Heil unsres Gottes.« So hat der Prophet Jesaja die Zusage notiert.

Das ist wirklich eine gute Nachricht. Das ist ein »Evangelium«, wie das auf Griechisch heißt. Gott redet. Er schickt Friedens- und Freudenboten in die Trümmerlandschaften der Welt. Er schickt sie auch in die Trümmerlandschaften unseres eigenen kleinen Alltags. Denn auch dieser Alltag ist ihm wichtig. Er übersieht ihn nicht. Er redet. Er schickt Friedens- und Freudenboten. Er schickt Propheten. Er schickt Verkündiger seines Erbarmens.

Was damals für die Juden in der Babylonischen Gefangenschaft gegolten hat, was für die Menschen im zerstörten Europa gegolten hat, das will ich mir auch heute sagen lassen, wenn ich auf die Trümmerlandschaften meines Lebens blicke. Wenn ich sehe, was da alles zerbrochen ist. Was ich zerbrochen habe. Wenn ich sehe, was mir aus den Händen geglitten ist. Was mir aus den Händen gerissen worden ist. Wenn ich erschrecke vor dem, was ich in meinem eigenen Leben angerichtet habe und im Leben von anderen Menschen. Gott redet mit mir. Und er schickt Freudenboten, die Frieden verkündigen. Die Gutes predigen. Die Heil verkündigen. Die mir sagen: Dein Gott ist König. Er ist dein König. Er ist dein Vater.

Menschen können solche Freudenboten sein, solche Friedensboten. Menschen, die mir Gutes tun. Die vielleicht nicht einmal mehr haben als ein gutes Wort. Doch in einem solchen guten Wort, so sagt es ein mongolisches Sprichwort, kann Wärme stecken für drei Winter. Und auch wenn alles zerstört scheint und zerbombt; auch wenn mein Lebensweg wie abgerissen erscheint – es gibt Hoffnung. Gott lässt sie uns verkündigen, auch heute.

Wie gut, dass Gott Boten schickt. Wie gut, dass er uns nicht hängen lässt. Wie gut, dass er diese Welt nicht sich selbst überlässt. Diese Welt und uns auch nicht. Wie viel besser aber, dass er noch viel mehr getan hat. Er schickt nicht nur Boten. Er kommt selbst. Der König kommt. Aber er kommt ohne Prunk und Protokoll. Er kommt ohne Hofstaat und ohne Hoheitszeichen. Er kommt von ganz oben nach ganz unten. Er wird ein kleines Kind. Er liegt in einem Futtertrog. Er macht sich abhängig von der Fürsorge einer jungen Mutter. Er begibt sich in die Obhut eines Handwerkers aus Nazareth. Er lässt sich bewundern und bestaunen von ungebildeten Hirten. Aber gerade sie beginnen zu ahnen, wer da vor ihnen in der Futterkrippe liegt. Engel haben es ihnen gesagt: »Fürchtet euch nicht! Siehe, ich verkündige euch große Freude, die allem Volk widerfahren wird; denn euch ist heute der Heiland geboren, welcher ist Christus, der Herr, in der Stadt Davids. Und das habt zum Zeichen: Ihr werdet finden das Kind in Windeln gewickelt und in einer Krippe liegen« (Lukas 2,10-12). Und dann hatten die Engel gesungen: »Ehre sei Gott in der Höhe und Friede auf Erden bei den Menschen seines Wohlgefallens.«

Gott selbst war in die Trümmerlandschaft ihres Lebens gekommen. Gott selbst war mitten hineingeplatzt in ihren mühevollen Alltag und sie konnten nur noch staunen und beten. Anbeten.

Seit diesem Ereignis feiern wir Weihnachten, alle Jahre wieder. Denn der Gott, der damals gekommen ist, kommt immer wieder. Er möchte in unsere Häuser kommen und in unsere Herzen. Er möchte heilen, was zerbrochen ist. Er möchte zurechtbringen, was aus dem Lot geraten ist. Gott kommt und er bringt den Himmel mit. Bringt seine Liebe mit und seine Barmherzigkeit, seine Freundlichkeit und seine Güte. Er bringt das ewige Leben mit.

Gott ist gekommen. Gott kommt. Das ist die gute Nachricht. Das ist das Evangelium. Wir sind nicht alleine auf unserem Planeten. Wir sind nicht allein in unserem Elend. Gott sieht uns und er möchte uns helfen. Er möchte uns zurücklieben in seine Arme. Er möchte unsere Wunden verbinden. Er möchte unsere Narben versorgen. Er ist der Heiland. Er ist der, der Heil bringt und heil macht.

Und dann? Dann schickt er alle, die sich haben verbinden und versorgen lassen, nun selbst als Friedensboten und als Freudenboten in die Trümmerlandschaften dieser Welt. Jeder, der den Freudenboten begegnet ist, wird nun selbst ein Freudenbote. Jeder, der dem Heiland begegnet ist, wird nun auch einer, der das Heil zu den Menschen bringt. Mit dem, was er ist. Mit dem, was er tut. Mit dem, was er sagt. Christen, Menschen also, die zu Christus gehören, verkündigen Frieden, predigen Gutes, verkündigen Heil und sie sagen der Welt: Dein Gott ist König. Christus ist König.

Nur will das die Welt vielleicht gar nicht hören. Nur wollen das die Menschen in unserer Umgebung vielleicht gar nicht hören. Das war damals bei den Juden in der Babylonischen Gefangenschaft nicht anders. Nicht wenige hatten sich häuslich niedergelassen in der Fremde. Hatten angefangen, sich eine gute und sichere Existenz aufzubauen. Hatten Fuß gefasst in fremder Umgebung und sich häuslich niedergelassen. Diesen Gott, der ihnen da Frieden und Freude verkündigen ließ, hatten sie nicht mehr wirklich nötig. Sie hatten ihr Leben selbst in die Hand genommen und versucht, etwas Gutes daraus zu machen.

Nicht überall lösen Friedens- und Freudenboten Freude aus. Manchmal bringen sie auch Unruhe in die scheinbar so wohlgeordneten Abläufe des Alltags. Manchmal werden sie ignoriert. Manchmal werden sie ausgelacht. Manchmal werden sie des Landes verwiesen. Da ging es den Friedens- und Freudenboten damals nicht anders als den Friedens- und Freudenboten heute.

Aber das soll diese Freudenboten nicht aufhalten, nicht abhalten. Sie haben einen Auftrag. Sie stehen sozusagen im diplomatischen Dienst. Sie vertreten den Himmel hier auf dieser Erde. Sie geben nicht weiter, was ihnen selbst wichtig erscheint. Sie geben weiter, was Gott ihnen aufgetragen hat. Und begeben sich wie er auf Augenhöhe mit denen, die alle Hoffnung verloren haben.

Ich sehe einen von ihnen im Gefängnis. Woche für Woche besucht er einen Strafgefangenen, der an dem, was er getan hat, verzweifelt.

Ich sehe einen von ihnen in einem Altenheim. Woche für Woche fährt er die in ihren Rollstühlen spazieren, die keine Verwandten und keine Freunde mehr haben.

Ich sehe einen von ihnen, wie er sich neben einen Obdachlosen setzt, um ein paar freundliche Worte mit ihm zu wechseln.

Ich sehe einen von ihnen, wie er einen Asylbewerber aus Afrika bei seinem Irrweg durch die Behördenkorridore begleitet.

Ich sehe einen von ihnen, wie er immer wieder den besucht, der auf einen Schlag alles verloren hat – seine Firma, seine Familie, seine Selbstachtung.

Freudenboten, Friedensboten, Hoffnungsboten mit dem Evangelium im Gepäck.

Wenn wir uns darüber freuen, dass uns das Evangelium verkündet worden ist, dann, ja dann werden wir, ob wir es wollen oder nicht, Friedens- und Freudenboten im Auftrag dieses Gottes. Ich bin gespannt, wohin er uns schickt.

ZURÜCK AM SEE GENEZARETH

Zurück in den Alltag! An die vertrauten Ufer! Zurück in die Vergangenheit! Das Menschenfischen ist vorbei. Fischefischen wird nun wieder ihre Tage und Nächte bestimmen.

Was sonst!

Doch während sie ihre alten Netze in die alten Boote wuchten, flackern Bilder in ihrem Kopf. Die erste Begegnung mit dem ungewöhnlichen Rabbi aus Nazareth. Seine menschliche Ausstrahlung. Seine himmlische Autorität. Das »Fahrt noch einmal hinaus!«, das die generationenalten Regeln ihres Berufs auf den Kopf gestellt hat. Der gigantischste Fischzug ihres langen Fischerlebens. Sein »Folgt mir nach!«, das keinen Widerspruch zugelassen hat.

Und sie sind ihm gefolgt.

Was sonst! Wem sonst!

Und nun ist alles vorbei. Ist er fort. In einer anderen Welt. Einem anderen Leben. Und hat sie zurückgelassen. Verwirrt mit verworrenen Gedanken und Gefühlen.

Die drei Jahre mit ihm haben sie verändert. Von Grund auf. Die zurückgekommen sind, sind nicht mehr dieselben, die gegangen sind. Was haben sie nicht alles gehört! Was haben sie nicht alles gesehen! Was haben sie nicht alles erlebt! Tiefste Tiefen, höchste Höhen, traurigste Trauer, glücklichstes Glück. Ein Leben zwischen Hölle und Himmel. Zwischen Verzückung und Verzweiflung.

Und nun?

Zurück in den Alltag!

Aber können sie einfach da weitermachen, wo sie vor drei Jahren aufgehört haben? Vor drei Jahren oder vor dreihundert? Die Handgriffe sind noch vertraut. Aber das Leben ist fremd geworden. Das ist nicht mehr ihr Leben! Die Welt ist fremd geworden. Das ist nicht mehr ihre Welt!

Aber trotzdem! Man wird sich gewöhnen. Vielleicht.

Wenn's gut geht.

Aber nichts geht gut.

Das Netz bleibt leer. Sooft sie es auch auswerfen, bleibt es leer. Ein bisschen Grünzeug, sonst nichts.

Das kann ja heiter werden!

Und es wird heiter. Unerwartet herrlich heiter.

Denn auf einmal sehen sie im dämmrigen Morgenlicht eine kleine Gestalt am Ufer. Die fragt, ob sie nichts zu essen haben. Dumme Frage! Und die sagt, sie sollen es noch einmal versuchen. Zur Rechten! Dummer Vorschlag! Aber sie tun's. Denn der dumme Vorschlag lässt irgendwie keinen Widerspruch zu.

Keinen Widerspruch …

Haben sie nicht schon einmal …?

Einer merkt es zuerst. Das Netz zieht und zerrt nach unten. Sollten sich auf einmal alle Fische ihres Sees entschlossen haben, in ihr Netz zu flüchten? Aber da ist keine Zeit zum Überlegen. Zupacken müssen sie. Alle Mann. Und wissen, dass ihr Netz prall gefüllt ist wie niemals zuvor.

Das ist der gigantischste Fischzug ihres langen Fischerlebens!

Aber haben sie nicht schon einmal …?

Johannes versteht als Erster. Die geheimnisvolle Gestalt am Ufer ist er: Jesus. Der Herr! Natürlich! Wer sonst stellt solche Fragen? Wer sonst gibt solche Aufträge? Wieso haben sie nur so lange gebraucht, ihn zu erkennen?!

Johannes versteht. Petrus handelt. Er muss zu ihm. Wie er immer und immer wieder zu ihm gemusst hat. Damals am Ufer. Damals auf dem See. Damals im Garten Gethsemane …

Aber jetzt ist nicht damals! Jetzt ist jetzt! Hurtig anziehen und hinein ins Wasser und ans Ufer und zu ihm!

Dann steht er keuchend vor seinem Herrn. Keuchend und tropfnass. »Bringt mir ein paar von den Fischen, die ihr gefangen habt!«, sagt Jesus. Liebevoll und verständnisvoll wie immer. Und Petrus packt hinein ins volle Fischleben und hält Jesus die zappelnden Fischleiber entgegen. Darunter viele, die später einmal seinen Namen tragen werden: Petrus-Fische.

Und Jesus macht Frühstück.

Die anderen stehen und starren und staunen. Und fangen an zu zählen. Fisch für Fisch. Denn von diesem Fang werden noch ihre Enkel ihren Enkeln erzählen. 153 Fische! Sie hatten nicht einmal geahnt, dass ihr Netz so viel fassen würde.

153 Fische. 153 …

Später werden die Gelehrten immer wieder rätseln, was diese geheimnisvolle Zahl bedeutet. Manche werden sagen, dass damals wohl 153 verschiedene Fischarten bekannt waren und diese Zahl deshalb ein Symbol für das Ganze ist. Für die ganze Welt und für die ganze Menschheit. Und dass alle ins Netz des Reiches Gottes passen. Und dass Jesus hier eindrucksvoll den ersten Auftrag für Petrus erneuert: »Du sollst Menschenfischer sein!« Den Auftrag für Petrus und für die anderen Jünger.

Aber das interessiert sie in diesem Moment wohl so gar nicht. Sie haben Fische! Und damit zu essen! Und damit den ersten Unterhalt für ihr neues altes Leben! Nun wird doch noch alles gut!

Aber mehr noch: Sie haben ihn! Ihren Herrn! Ihren Meister! Er ist wieder da! Der Gestorbene und Wiederauferstandene ist zurück in ihrer Welt! Der Lebendige und Nie-mehr-Sterbende! Der Inbegriff des Lebens! Des ewigen Lebens, das kein Tod mehr töten kann!

Sie haben Fische. Aber sie wissen gleich, dass sie Menschen haben werden. Haben müssen. Einmal Menschenfischer, immer Menschenfischer. Einmal von Jesus berufen, immer von Jesus berufen. Das neue Leben kennt keinen Rückweg.

Für alle.

Für alle?

Auch für ihn? Petrus? Den Verleugner?

Jesus nimmt ihn ein wenig später zur Seite. Weil da noch etwas zu klären ist.

Oft schon hat Petrus diese Situation in schlaflosen Nächten durchdacht und durchzittert. Oft an den Sätzen gefeilt, die er sagen wird, wenn Jesus ihn fragt.

Doch nun, als es endlich so weit ist, wollen seine Sätze nicht passen. Weil Jesus so gar nicht die erwarteten Fragen stellt.

»Hast du mich lieb, Petrus?«, fragt er. »Liebst du mich mit der unbeschreiblichen Liebe, mit der Gott dich liebt? Liebst du mich mehr, als alle anderen mich lieben?«

Und Petrus sagt: »Ja, Herr, ich liebe dich mit aller Liebe, zu der ein Mensch fähig ist. Ich liebe dich als meinen allerbesten Freund!« Mehr Liebe hat er nicht. Und mehr traut er sich nach den Ereignissen in der Nacht der Verhaftung nicht mehr zu.

Und Jesus fragt ein zweites Mal. Und Petrus antwortet ein zweites Mal. Als Jesus ein drittes Mal fragt, geht er endlich auf die Wortwahl seines Jüngers ein: »Hast du mich lieb, wie ein Freund einen Freund lieb hat?« Und Petrus sagt es zum dritten Mal: »Ich liebe dich wie einen Freund!«

Genügt das?

Ja, es genügt. Liebe genügt. Bei Gott. Und Jesus gibt ihm, dem Verleugner, den Hirtenauftrag: »Weide meine Lämmer! Und weide meine Schafe! Sei ein guter Hirte für sie. So wie ich ein guter Hirte für euch war und bin.«

Für euch.

Und für uns.

Denn diese Zusage gilt. Und der Auftrag auch. Gilt bis heute. Gilt Verleugnern und Verrätern und Vergesslichen. »Folgt mir nach! Fischt Menschen! Und habt keine Angst, das Netz könnte reißen. Im Himmel ist unendlich viel Platz!«

Alles, was wir tun müssen, ist

uns lieb haben lassen.

Und

ihn lieb haben.

Ihn und die Menschen, zu denen er uns schickt.

153 Fische warten auf unser Netz.

ERZÄHLEN!

Ich sehe ihn im Tempel. Strahlend und singend. Sein Gesang ist lauter als das Blöken der Schafe, die er mitgebracht hat. Er will ein Opfer bringen. Ein Brandopfer. Das hat er Gott versprochen, als es ihm so richtig schlecht ging. »Kommt her!«, ruft er »Hört mir zu. Ich habe euch eine großartige Geschichte zu erzählen.«

Nun stelle ich mir den Tempelplatz zur Zeit des Alten Testaments so ähnlich vor wie den Platz vor der Westmauer vor der Klagemauer heute. An manchen Tagen ist da richtig was los. Da wird wild durcheinandergeredet, gebetet, gesungen. Und manch einer hat eine besondere Botschaft auf dem Herzen, die er hier unbedingt loswerden muss.

Alles ganz anders als bei uns. In unseren Kirchen werden Touristen zum Schweigen gemahnt. Still und andächtig hat es hier zuzugehen. Was ich ausgesprochen angenehm finde, wenn ich in einer der Bänke in einer Zwiesprache mit meinem Gott versunken bin.

Plätze für eine solche stille Zwiesprache mit Gott findet man im heutigen Israel nur selten. Man hat sie auch damals kaum gefunden. Glaube war und ist dort nie Privatsache.

Ich sehe ihn also dort stehen auf dem Tempelplatz. Und ich höre ihn singen und rufen: »Kommt her, höret zu, alle, die ihr Gott fürchtet; ich will erzählen, was er an mir getan hat.« Und dann erzählt er es. Allerdings verschweigt er die Einzelheiten. Zumindest haben sie keinen Niederschlag in dem Psalm gefunden, der sein Gebet enthält. Psalm 66 ist das. Und der Vers, den ich eben zitiert habe, ist Vers 16: »Kommt her, höret zu, alle, die ihr Gott fürchtet; ich will erzählen, was er an mir getan hat.«

Gott angefleht hat er in einer komplizierten Notlage. Möglicherweise ist er schwer verleumdet worden. Aber während des Flehens hat er Gott schon gepriesen. Er wusste ja, dass ihm Unrecht geschah. Und er konnte darauf hoffen, dass Gott eingreifen würde. Der Psalm endet mit einem anderen eindrucksvollen Vers: »Gelobt sei Gott, der mein Gebet nicht verwirft noch seine Güte von mir nimmt.«

Wenn wir nun heute einfach mal die Erfahrungen der letzten Wochen und Monate Revue passieren lassen – wann und wo haben wir Gottes Hilfe besonders handgreiflich erfahren? Wann und wo haben wir in der Ausweglosigkeit plötzlich einen neuen Weg gesehen? Wann und wo haben wir Gottes Freundlichkeit, seine Großzügigkeit besonders konkret erlebt? Haben wir davon gesprochen? Haben wir es anderen erzählt? Klar, es gibt Erfahrungen, die behält man besser für sich. Aber andere müssen unter die Leute, müssen zumindest in die Gemeinde. Damit andere neuen Mut gewinnen. Damit andere neue Hoffnung bekommen. Denn der Gott, dessen Hilfe wir so hautnah erfahren haben, kann und will ja auch anderen helfen. Wenn wir einander erzählen, was wir mit Gott erlebt haben, dann bringt uns das miteinander ein ganzes Stück weiter auf dem Weg mit ihm und zu ihm.

Natürlich sollten wir solche Erfahrungen demütig erzählen. Vielleicht auch ein bisschen keusch. Wir sollten aufpassen, wo sich frommes Gehabe und Angeberei in unsere Erzählungen mischen. Es geht ja nicht um uns. Es geht um den großen Gott. Um den großen und nahen Gott. Um den Vater unseres Herrn Jesus Christus. Und wenn wir es nicht erzählen mögen, dann können wir es aufschreiben. Auf eine Karte. In einem Brief. Und diesen Brief an einen Menschen schicken, der gerade verzagt ist. »Komm her, hör zu, ich will erzählen, was Gott an mir getan hat, und ich will dafür beten, dass Gott an dir etwas Ähnliches tut.«

NACKT UND VERZWEIFELT
IM PEITSCHENDEN REGEN

Du hast es warm und gemütlich in deinem Haus. Und ahnst doch: Irgendwann klopfen böse und bittere Nachrichten an deine Tür und begehren erbarmungslos Einlass. Und verwandeln deine behagliche Idylle in eine tote Ruine. Dachlos. Wandlos. Schutzlos.

Dann stehst du nackt und verzweifelt im peitschenden Regen.

Wo ist ein Mensch, der zu dir steht?

Wo ist Gott?

Kannst du dich schützen? Das Leben sichern? Das Glück versichern? Helfen Zaubersprüche und Zertifikate? Hilft die Religion?

Die Götter günstig stimmen, Gott Gutes abtrotzen – nichts haben Menschen unversucht gelassen, um das kleine und große Glück ihres Lebens zu schützen.

Mit mäßigem Erfolg allerdings.

Am Ende blieb für manche nur die lakonische Lebensweisheit des preußischen Königs Friedrich III.: »Lerne leiden, ohne zu klagen!«

So ist das Leben. Gefährlich und gefährdet. Eine bunt schillernde Seifenblase über einem Nagelbrett.

Kennt die Bibel eine Antwort?

Jedenfalls hat sie keinen schnellen Trost.

Sie erzählt von Hiob, der vom größten Glück ins tiefste Unglück geschleudert wird. Der alles verliert, was ihm lieb und teuer war.

Sie lässt den alten Weisheitslehrer Jesus Sirach sagen: »Mein Kind, wenn du Gott dienen willst, dann mache dein Herz bereit für die Stunde, in der du meinst, du habest Gott verloren.«

Die Bibel weiß: Es gibt Fragen ohne Antworten. Es gibt Katastrophen ohne Erklärungen. Unsere Häuser haben keinen Bestand.

Und dann erzählt sie von Jesus. Geliebt und gedemütigt. Gefeiert und gejagt. Und am Ende gekreuzigt. Unbarmherzig aufs Kreuz gelegt. »Mein Gott, mein Gott, warum hast du mich verlassen?«, schreit er. Er erlebt und erleidet, was ungezählte andere vor ihm und nach ihm erlebt und erlitten haben. Und schickt mit diesem letzten Schrei alle unsere Schreie Richtung Himmel.

Und ich beginne zu ahnen: Ich kann meine Verzweiflung und meine Menschen- und Gottverlassenheit nur aushalten, wenn ich mich an den menschen- und gottverlassenen Jesus klammere. Ohne alles zu verstehen. Aber in der Gewissheit, verstanden zu sein.

Selbst in der tiefsten Verlassenheit bin ich nicht allein. Er ist da. Der Gekreuzigte und Auferstandene. Und seine Engel. Himmlische. Oder ganz und gar menschliche. »Von guten Mächten wunderbar geborgen …« Gott lässt niemand auf Dauer im Regen stehen, der sich einmal auf ihn eingelassen hat. Er verlässt nicht, wer sich auf ihn verlässt. Wer ihm sein Schicksal anvertraut, vertraut dem einen, der uneingeschränkt vertrauenswürdig ist.

Darum ist dieser Psalmvers keine frömmelnde Vertröstung: »Wer unter dem Schirm des Höchsten sitzt und unter dem Schatten des Allmächtigen bleibt, der spricht zu dem Herrn: Meine Zuversicht und meine Burg, mein Gott, auf den ich hoffe« (Psalm 91,1).

Der Psalm lockt unseren Blick von unseren vergänglichen und gefährdeten Lebenshäusern zu den ewigen ungefährdeten Himmelshäusern Gottes. Dorthin sind wir unterwegs.

Unter Gottes Schirm.

Aber reicht das?, fragst du.

Denn manchmal ist der Sturm, der durch dein Leben bläst, so wild und ungestüm, dass er dir jeden Schirm aus der Hand reißt. Was hilft ein Schirm gegen einen Orkan?

Nichts.

Solange du ihn in der Hand hältst.

Doch du wanderst unter dem Schirm des Höchsten.

Und er hält den Schirm.

Das Leben bleibt gefährlich. Aber es ist beschirmt. Ich bleibe gefährdet. Aber kein Sturm kann mich umbringen.

Und es kommt noch besser. Denn in der hebräischen Urfassung dieses Psalms ist nicht nur von einem Schirm die Rede. Das Wort, das hier steht, bedeutet auch etwas, das noch besser ist als ein Schirm, noch krisenfester.

»Sether« heißt dieses hebräische Wort. Was so viel wie »Schutz« bedeutet. Oder – schöner und bildhafter noch – »Schutzhütte«. Meine Zuversicht und meine Burg ...

»Wer in der Schutzhütte des Höchsten sitzt ...«

»Wer in der Burg des Höchsten wohnt ...«

In so eine Behausung kann ich fliehen, wenn mir das Wasser bis zum Hals steht. Da bin ich sicher vor prasselndem Regen und sengender Sonne. Da bin ich auf ewig zu Hause, auch wenn's draußen stürmt und schüttet. Ich lebe jetzt schon im stillen Auge des Sturms.

Unsere Häuser sind immer gefährdet. Gottes Haus steht sicher.

Atme durch und atme auf: Du hast ein Dach über dem Kopf und vier Wände. Du hast es warm und gemütlich. Du weißt es und spürst es mit allen Fasern deines Körpers und deiner Seele: Gott ist gut! Gott ist gut zu mir! Er wacht über meinem Leben!

Mein Glück ist seine Angelegenheit, nicht meine!

Gleich drei Gottesnamen kommen in Psalm 91 vor: Eljon, der Höchste, El Shaddai, der Allmächtige, und Elohim, einfach Gott. Der Höchste, der Allmächtige ... Es gibt viele Gottesnamen in der hebräischen Sprache. Und das ist gut. Denn man kann Gott nicht einfach nur mit einem Namen beschreiben. Gott ist alles. Gott ist das Ganze.

Unter dem Schirm und in der Schutzhütte und in der Burg Gottes, des Höchsten, des Allmächtigen. Kein Geringerer, kein Kleinerer, kein Schwächerer will dich bewahren in allen Bedrohungen des Lebens.

Er passt auf dich auf. Er gibt deinem Leben Bestand. Er umgibt deine Zeit mit seiner Ewigkeit. Er bewahrt dich nicht vor jedem Wetter. Aber er bewahrt dich in jedem Wetter. Bewahrt dich, bis er dich endgültig willkommen heißt in seinem hellen Himmelshaus, in dem alle Katastrophen der Erde Geschichte sind.

Unsere Häuser sind vergänglich. Sein Haus steht ewig.

Flieh in diese Schutzhütte! Rette dich in diese Burg! Bete! Lies sein

Wort! Suche Menschen, die an ihn glauben! Immer wieder! Und achte auf die Engel! Sie weisen dir den Weg.

Ob du immer Zutritt hast? Egal, was du angestellt hast? Egal, wie's um dich steht? Egal, wie du aussiehst, wo du herkommst?

Du hast den Schlüssel!

Den Schlüssel zu Gottes Schutzhütte! Zu seiner Burg! Immer heißt er dich willkommen! Du gehörst auf ewig zu ihm! Er gehört auf ewig zu dir! Du gehörst auf ewig zu seiner Familie! Sein Haus ist dein Haus!

Wir sind die Maurer unsres Lebens.
Stein auf Stein wächst unser Haus.
Doch manchmal bauen wir vergebens,
ziehn noch vor dem Einzug aus.
Wir sind die Maler unsrer Träume,
malen zart und malen schrill.
Doch kein Traum füllt die leeren Räume,
weil das Herz den Himmel will.

Wir sind die Gärtner unsrer Jahre,
hegen, pflegen Beet um Beet.
Doch manchmal kommen bunte Stare,
picken weg, was wir gesät.
Wir sind die Dichter unsrer Lieder,
singen Angst und Schmerzen fort.
Doch wir verstummen immer wieder.
Ohne Gott fehlt uns das Wort.

Gott muss bauen und bewahren.
Er muss wachen Tag und Nacht.
Muss uns schützen in Gefahren.
Er ist Liebe, er hat Macht.
Gott bringt unsere Welt zum Klingen.
Er alleine gibt Bestand.
Und wir beten und wir singen
und wir bringen ihm das Land.

EINFACH
LESENS
WERTH

---

4 *MITGEMISCHT*
WORTE ZUM ZEITGESCHEHEN

EIN TAUSENDJÄHRIGES REICH IN ZWÖLF JAHREN

Es sollte ein tausendjähriges Reich sein. Doch es existierte ganze zwölf Jahre. Die Propagandamaschinerie der Nationalsozialisten hatte ganz bewusst einen Begriff aus der Bibel ausgewählt. Bibelleser kannten diesen Begriff aus der Offenbarung. Er steht im Zusammenhang mit der Wiederkunft ihres Herrn Jesus Christus. Er würde ein tausendjähriges Friedensreich errichten. So hatten sie es gelernt.

Nun aber sollte dieses tausendjährige Reich mit der Herrschaft Adolf Hitlers begonnen haben. Nicht wenige sahen in ihm den großen Heilsbringer. Am Ende entpuppte er sich als Unheilsbringer. Der Führer war als gnadenloser Ver-Führer enttarnt. Das tausendjährige Reich eine zwölfjährige Episode in der deutschen Geschichte.

So geht das wohl mit allen Reichen in dieser Welt. Sie kommen und sie gehen. Auch wenn sie immer wieder so tun, als würden sie ewig bestehen. Ewig oder – wenigstens tausend Jahre.

Tatsächlich hat es wohl fast nur das römische Reich auf so eine lange Zeitspanne gebracht. Man datiert es etwa auf die Zeit zwischen dem 8. Jahrhundert vor Christus und dem 6. Jahrhundert nach Christus. Dann aber war es auch mit diesem Reich zu Ende.

Die Bibel hat es ja schon immer gewusst. In den langen Zeiträumen, in denen das Buch der Bücher entstanden ist, sind viele Weltreiche entstanden und wieder zusammengebrochen. Das ägyptische Reich zum Beispiel. Das neuassyrische und das neubabylonische Reich. Das Reich von Alexander dem Großen.

Die Bibel bekennt dafür ein anderes Reich, ein ewiges Reich. Psalm 145,13: »Dein Reich ist ein ewiges Reich, und deine Herrschaft währet für und für.« Das Reich Gottes ist anders als die Reiche dieser Welt. Das Reich Gottes ist nicht von dieser Welt.

Es ist den Zeitläufen nicht unterworfen. Das ist das Reich des Ewigen, das Reich Gottes. Unsichtbar und trotzdem bewohnbar. Wer an

Gott glaubt, wer sein zeitliches Leben an den ewigen Schöpfer und Erhalter des Universums bindet, wird Bürger dieses Reiches.

Jesus erzählt immer wieder vom Reich Gottes. In Bildern und Vergleichen macht er deutlich, dass sich dieses Reich neben den Reichen dieser Welt zuweilen klein und unscheinbar ausnimmt. Aber das ist nur auf den ersten Blick so. Das ist wohl auch nur für menschliche Augen so. Denn in Wirklichkeit ist das Reich Gottes größer und stärker als alle Reiche dieser Welt zusammengenommen und es ist ewig.

Es ist gut, auf dem Laufenden zu bleiben. Zu wissen, was in dieser Welt geschieht. Nachrichten zu hören oder zu sehen. Sich über all das zu informieren, was Tag für Tag passiert. Daneben aber lesen Christen in der Bibel, hören das Wort des ewigen Gottes. Das ist sozusagen die Folie, auf der sie die aktuellen Geschehnisse wahrnehmen. Niemand ist so groß, wie er sich gerade darstellt. Nichts ist so wichtig, wie es gerade daherkommt. Nichts und niemand ist so bedrohlich, wie er gerade erscheint.

Alles kommt. Alles geht. Nur das Reich unseres Gottes bleibt. Seine Liebe bleibt. Seine Barmherzigkeit bleibt.

DER SEGEN VOM SINAI

Hermann Rauschning, der sich 1934 vom Hitler-Kreis lossagte, berichtet von einer Unterredung zwischen Adolf Hitler und Joseph
Goebbels in der Reichskanzlei. Beide wettern gegen die Zehn Gebote,
die sie »Das teuflische Du sollst, Du sollst nicht« nennen. Für sie sind
die Zehn Gebote der »Fluch vom Sinai«, eine »Perversion unserer gesunden Instinkte«.

Hitler wörtlich:

*Der Tag wird kommen, wo ich gegen diese Gesetze eine neue Ge-
setzestafel aufrichten werde. Die Geschichte wird unsere Bewegung
als die große Schlacht für die Befreiung der Menschheit vom Fluche
des Berges Sinai erkennen. Wir kämpfen gegen den masochistischen
Geist der Selbstquälerei, den Fluch der sogenannten Moral, die zum
Idol gemacht ist, um die Schwachen vor den Starken zu schützen.
Gegen die Zehn Gebote, gegen sie kämpfen wir.*

Deutlicher kann man's nicht sagen. Hätten's nur manche früher gehört, früher zur Kenntnis genommen. Vielleicht wäre der Weltgeschichte, vielleicht wäre der Menschheit eine ihrer schwärzesten
Episoden erspart geblieben. Deutlicher konnte es kaum werden: Wer
die Gebote außer Kraft setzt, wer seine eigenen Gebote an ihre Stelle
setzt, der bringt die Welt aus dem Gleichgewicht.

Gottes Gebote sind ja viel mehr als eine Ansammlung von »Du
sollst« und »Du sollst nicht«. Gottes Gebote sind Lebensangebote,
Gottes Gebote regeln das Zusammenleben der Menschen. Sie legen
fest, was oben und was unten ist, sie schützen Schwache vor der Willkür der Starken.

Ein Gebot soll hier für alle stehen: »Du sollst nicht stehlen.« Dieses Gebot schützt mich vor anderen, es schützt andere vor mir und
es schützt nicht nur mein Eigentum, denn man kann ja viel mehr
stehlen als die Brieftasche oder das Auto. Man kann Freunde stehlen,

man kann Ansehen stehlen, man kann Lebensbrot stehlen. »Du sollst nicht stehlen«, sagt Gott. Achte andere so, wie du geachtet werden möchtest.

Hitler wollte die Menschheit von solchen Lebensregeln befreien. Den »Fluch des Berges Sinai« nannte er sie und wurde selbst für die Menschheit zum Fluch. Menschen, die an Gott glauben, sollten sich für das Gegenteil einsetzen und in ihren persönlichen Beziehungen und in gesellschaftlichen Zusammenhängen deutlich machen, dass die Zehn Gebote der Segen des Berges Sinai sind, der Segen eines Gottes, der uns Menschen nicht unserer eigenen Willkür überlassen möchte.

BEDROHT

Er war wahrlich nicht zu beneiden, der Prophet Jeremia. Aber die vier Könige, mit denen er es im Laufe seines Dienstes nacheinander zu tun hatte, auch nicht. Was tut man als Herrscher eines kleinen Landes, das zwischen zwei Machtblöcken eingeklemmt ist? Auf der einen Seite die Großmacht Ägypten, auf der anderen die neue grausame Großmacht Babylonien.

Wie sichert man seinem Land das Überleben? Wie kann man die eigene Haut retten? Auf welche Karte setzt man? Welche diplomatischen Winkelzüge setzt man ein?

Jeremias Botschaft ist klar und eindeutig: Wir sind das Volk des lebendigen Gottes. Wir sind sein Augapfel. Nur bei ihm sind wir auf der sicheren Seite. Darum gilt es, unser Vertrauen ganz und gar auf ihn zu setzen. Dabei verkündigt Jeremia nicht seine eigene Glaubensüberzeugung. Er spricht im Auftrag dieses Gottes. Das drückt der folgende Bibelvers geradezu drastisch aus:

»Verflucht ist der Mann, der sich auf Menschen verlässt und weicht mit seinem Herzen vom Herrn. Gesegnet aber ist der Mann, der sich auf den Herrn verlässt und dessen Zuversicht der Herr ist« (aus Jeremia 17,5-7).

Die Könige haben nicht auf Jeremia gehört. Der größte Teil des Volkes auch nicht. Erst viel später fanden sie zu diesem Gott zurück. Später, als sie längst an den Flüssen Babylons saßen und weinten, als sie weggeführt worden waren in die legendäre Babylonische Gefangenschaft und ihr Land zerstört und verwüstet zurückgelassen hatten. Erst später, viel später, fanden sie zurück zum Vertrauen auf ihren Gott. Jeremia selbst hat das wohl nicht mehr erlebt.

Während ich über diese Geschichte nachdenke, fallen mir die aktuellen Bedrohungen unserer Welt ein und natürlich auch die kleinen und großen Bedrohungen meines Lebens. Worauf verlassen wir uns? Auf die Experten? Auf Wissenschaftler? Auf Politiker? Auf Wirtschaftsweise?

Worauf verlasse ich mich? Auf meine Erfahrung? Auf meinen Hausstand? Auf meine Energie? Auf ein neues Medikament? Auf die Hilfsbereitschaft des Nachbarn?

Jedenfalls scheint das alles naheliegender zu sein als das Vertrauen auf Gott. Natürlich schließt das eine das andere nicht zwangsläufig aus. Trotzdem muss ich mich fragen lassen, worauf ich letztlich mein Vertrauen stütze. Worauf wir es als Menschheit stützen.

Manchmal denke ich, wir Christen sollten wie Jeremia dieser Welt sagen, liebevoll und mitleidend, dass sie zurückfinden muss zum Schöpfer und zu den guten Lebensregeln, die er seiner Schöpfung gegeben hat. Aber dann denke ich: Wir müssten erst einmal bei uns selbst anfangen und immer wieder zurückfinden zum Gott unseres Lebens, immer wieder neu Vertrauen einüben, ihm immer wieder neu die großen und kleinen Fragen unseres Lebens und unseres Zusammenlebens anvertrauen. Wenn er unsere Hoffnung ist, unsere Zuversicht, dann können wir es auch engagiert und überzeugend anderen sagen.

Vielleicht fangen wir gleich heute ganz neu damit an, vertrauen Gott unsere Gesundheit an, die Menschen, mit denen wir das Leben teilen, die schwächer werdenden Eltern, die unberechenbaren Kinder, das knappe Haushaltsgeld und das altersschwache Auto. Wir haben es doch tausendfach erlebt: Er kennt Wege, wo wir nur Mauern sehen. Er ist doch der Schöpfer, der Gott der unbegrenzten Möglichkeiten. Und er ist der Erlöser, der sein Leben gelassen hat, damit wir auf ewig in seinen Himmel gehören. Wenn einer vertrauenswürdig ist – dann er. Wenn einer verlässlich ist – dann er. Und im Vertrauen auf ihn will ich dann mutig und zuversichtlich darangehen, die Probleme anzupacken, die mir vor den Füßen liegen.

BUSSE TUT GUT

Der Buß- und Bettag kämpft ums Überleben. Seit 1994 ist er nur noch in Sachsen ein gesetzlicher Feiertag. In den anderen deutschen Bundesländern ist er ein »gesetzlich geschützter Feiertag«. Und damit Alltag. Im Jahr 2014 fällt er auf den 19. November. Doch die meisten Menschen werden ihn gar nicht wahrnehmen.

Dabei würde uns ein solcher Tag heute besonders guttun. Ja, Buße tut gut! Das Wort kommt heute zwar meist in grauen, hässlichen Gewändern daher – Kriminelle »verbüßen« ihre Strafe, harmlosere Straftäter bekommen einen »Bußgeldbescheid« –, doch Martin Luther nannte Buße einst ein »fröhliches Geschäft«. Warum? Weil Buße bedeutet: Ich denke um, ich kehre um, ich kehre zurück und fange neu an. Mit Gott und mit den Menschen.

Der österreichische Dichter Josef Viktor Stummer beschreibt das so: »Auf dem Weg in die Irre ist Rückschritt Fortschritt.«

So ein Rückschritt ist bitter nötig. Die Schöpfung gerät aus den Fugen. Unsere Wertmaßstäbe sind beliebig geworden. Wir sind die bestinformierte Gesellschaft aller Zeiten, aber wir wissen nicht mehr so recht, woran wir bei unseren kleinen und großen Entscheidungen Maß nehmen sollen.

Ein Wort aus dem Buch des Propheten Micha, Motto der weltweiten Micha-Initiative, weist den Weg zurück: »Es ist dir gesagt, Mensch, was gut ist und was der Herr von dir fordert, nämlich Gottes Wort halten und Liebe üben und demütig sein vor deinem Gott« (6,8).

Es ist gesagt. Aber wird es gehört?

Es gibt Hoffnung. Immer. Denn solange die Erde steht, wartet Gottes barmherzige Liebe auf die Rückkehr seiner verirrten Menschenkinder. Wie Jesus uns das in der vielleicht schönsten Geschichte des Neuen Testaments erzählt. Da wartet ein Vater auf seinen verlorenen Sohn. Der aber hat den Eindruck, zur Umkehr sei es längst zu spät. Erst, als gar nichts mehr geht, macht er sich auf den Rückweg. Und fällt in die ausgebreiteten Arme des Vaters. Und lässt sich wieder aufnehmen und annehmen. Und ist wieder zu Hause. Und das Leben beginnt von vorn.

Die ausgebreiteten Arme des Vaters sind die ausgebreiteten Arme des gekreuzigten Jesus. Er macht Umkehr möglich. Er lädt zur Umkehr ein. Zum Rückschritt. Zum Fortschritt. An Feiertagen und Alltagen.

»BEKOMME ICH EINEN KLEINEN KREDIT?«

Ich liebe den jüdischen Humor. Jüdische Witze, von Juden erzählt, gehören zum Kostbarsten, was der menschliche Humor überhaupt hervorgebracht hat. Meist sind es Witze gegen die Verzweiflung. Witze gegen das Dunkel. Witze gegen die Unterdrückung. Aber auch Witze, die die eigenen Besonderheiten aufs Korn nehmen.

Das hier ist einer meiner Lieblingswitze:

Treffen sich zwei Juden. Ein Armer und ein Reicher. Sagt der Arme zum Reichen: »Würdest du mir bitte einen kleinen Kredit geben?« Sagt der Reiche großmütig: »Aber natürlich gebe ich dir einen Kredit.« Fragt der Arme ängstlich: »Nimmst du auch Prozente?« Antwortet der Reiche: »Aber natürlich nehme ich Prozente. Ich muss Prozente nehmen.« Fragt der Arme: »Und wie viel Prozente nimmst du?« Sagt der Reiche: »Neun Prozent.« Worauf der arme Jude die Hände über dem Kopf zusammenschlägt: »Neun Prozent! Stell dir vor, du nimmst von einem Glaubensbruder neun Prozent Zinsen! Stell dir vor, Gott vom Himmel schaut herab und sieht, dass du mir neun Prozent Zinsen abknöpfst!« Worauf der Reiche entspannt lächelnd antwortet: »Kein Problem. Wenn Gott vom Himmel herabschaut, sieht die Neun aus wie eine Sechs.«

So geht das, so kann man vor sich selbst, so kann man vor anderen Menschen und so kann man sogar vor Gott bestehen, zumindest bildet man sich das immer wieder ein.

Dabei lässt Gott der Ungerechtigkeit kein Schlupfloch. Glasklar heißt es zum Beispiel im 3. Buch Mose, in Kapitel 25,14: »Wenn du deinem Nächsten etwas verkaufst oder ihm etwas abkaufst, soll keiner seinen Bruder übervorteilen.«

Dieser Satz steht in den Vorschriften zum Erlassjahr. In jedem 50. Jahr soll jeder seinen verpfändeten Besitz zurückbekommen, sollen Sklaven freigelassen werden. Doch die Regel, die ich eben zitiert habe, gilt ganz sicherlich nicht nur für dieses besondere Jahr. Gott will, dass Menschen gerecht miteinander umgehen, dass niemand einen anderen um sein Recht bringt, dass niemand einen anderen unterdrückt oder auch nur übervorteilt.

Dieses Grundgesetz zieht sich durch die ganze Bibel. Das Grundgesetz, das in den beiden Liebesgeboten zusammengefasst ist: »Du sollst Gott, deinen Herrn, lieben – und deinen Nächsten wie dich selbst.«

Nun haben schlitzohrige Menschen zu allen Zeiten versucht, diese Vorschriften zu umgehen, sie auszuhöhlen oder sie umzudeuten. Aber Gott im Himmel durchschaut alle Tricks hier auf der Erde. Und für ihn ist die Neun auch nicht einfach eine Sechs, weil er von oben schaut. Gott ist unten auf der Erde. Gott ist an der Seite der Menschen, denen Unrecht geschieht. Wir Christen bekennen Jesus Christus als den menschgewordenen Gott, der mit seinen Menschen auf Augenhöhe gekommen ist. In diesem Jesus Christus ist Gottes Gesetz erfüllt. Er war ganz und gar die Liebe zu Gott und die Liebe zum Nächsten. Jeder, der sich zu ihm hält, der sich nach ihm »Christ« nennt, nimmt nun Maß an diesem Jesus Christus. Wie hat er gelebt? Wie ist er mit Menschen umgegangen? Nie hat er einen übervorteilt. Immer hatte er den Vorteil des anderen im Blick, selbst wenn er hart mit ihm oder mit ihr ins Gericht gehen musste. Und am Ende ließ er sich selbst buchstäblich übervorteilen, ließ sich aufs Kreuz legen, damit die Menschen für alle Zeit den Vorteil des ewigen Lebens ergreifen können.

Diesen Jesus will ich hineinlassen in meinen Alltag, immer wieder. Ich will ihn auch hineinlassen in meine Geschäfte. Wie gut, dass er sich darauf einlässt.

ACHTSAM LEBEN

Achtsamkeit ist gefragt. Nicht erst heute. Aber heute besonders. Achtsam leben.

Achtsam mit sich selbst umgehen. Mit den Menschen, mit denen wir das Leben teilen. Mit der Schöpfung.

Achtsam leben heißt: Ich achte auf mich und die Menschen und die Welt. Ich achte darauf und ich achte sie.

Ich achte mich selbst – ich ver-achte mich nicht. Ich achte die Menschen – ich ver-achte sie nicht. Ich achte die Schöpfung – ich ver-achte sie nicht.

Achten: Das Wort hängt mit dem gotischen Wort »aha« zusammen, was so viel wie Sinn und Verstand bedeutet. Im Englischen wird das noch heute deutlich. Achtsamkeit heißt da »mindfulness«.

Wer achtsam lebt, geht mit geöffneten Sinnen durchs Leben. Er denkt nach. Zum Beispiel darüber, was seine Art zu leben im Leben anderer Menschen ausrichtet.

Wir sind uns sicherlich einig: In den letzten Jahrhunderten sind wir Menschen nicht sehr achtsam mit der Schöpfung umgegangen. Wir haben sie nicht bewahrt, wie es unser Schöpfungsauftrag ist, wir haben sie ausgebeutet. Doch die Welt gehört nicht uns. Die Welt nicht und die Menschen nicht. Wir sind Verwalter. Wir wohnen zur Miete.

Wir Christenmenschen sollten darum in der ersten Reihe stehen, wenn es um die Bewahrung der Schöpfung und ihrer Geschöpfe geht. Wenn es um Menschenwürde und Menschenrechte geht. Wir sollten so mit den Menschen umgehen, wie unser guter Schöpfer mit uns umgeht: achtsam, liebevoll, fürsorglich, pflegend. Christen tun der Welt und den Menschen gut. Jeder für sich und alle gemeinsam.

DIE WARTESÄLE DER WELT

Wir warten. Immer warten wir. Auf irgendetwas. Auf besseres Wetter und bessere Zeiten. Wir setzen auf die Zukunft, verklären zuweilen die Vergangenheit und verpassen dabei manchmal die Gegenwart. Wenn ich erst mal das Abitur habe ... Wenn ich erst mal die neue Wohnung habe ... Wenn ich erst mal wieder gesund bin ... Wenn ich erst mal im Ruhestand bin ... Dann! Nicht jetzt! Dann!

Und wenn es gar nicht kommt, dieses »Dann«? Wenn uns nur das »Jetzt« bleibt? Oder wenn wir entdecken, dass das »Dann« auch nicht anders ist als das »Jetzt«? Dann warten wir eben weiter.

Wir warten – warum? Weil das »Jetzt« nicht alle Sehnsüchte stillt, weil im »Jetzt« nicht alle Träume Wirklichkeit werden. Wir warten wie Estragon und Wladimir in Samuel Becketts berühmtem Stück »Warten auf Godot«. Die beiden vergeuden ihre Tage damit, auf einen zu warten, den sie nicht kennen und von dem sie nichts Genaues wissen, nicht einmal, ob es ihn überhaupt gibt. Godot erscheint bis zuletzt nicht. Die Handlung läuft ins Leere. Die Figuren drehen sich im Kreis. Und das Ende gibt kaum Hoffnung. Alles scheint sinnlos.

Worauf warten wir? Im Tiefsten darauf, dass heil wird, was zerbrochen ist, dass gesund wird, was krank ist, dass gelingt, was misslungen ist. Damit aber warten wir – auf den Himmel, auf die Rückkehr des verlorenen Paradieses. Damit warten wir – nicht auf Godot, sondern auf Gott.

Und jetzt erklingt das Evangelium, die gute Nachricht, die beste Nachricht aller Zeiten: Gott ist längst gekommen und er kommt immer wieder, kommt mitten hinein in unsere Brüche, in unser Unheil, in unser Scheitern, in unsere Schuld. Gott, das ist Jesus. Wer ihm begegnet, muss nicht mehr warten. Wer ihn findet, ist gefunden.

Und staunend knien Hirten vor einer Futterkrippe. Und Soldaten vor einem Kreuz. Und verängstigte Jüngerinnen und Jünger vor einem leeren Grab.

Geheimnis des Glaubens. Geheimnis der Adventszeit. Weihnachtsgeheimnis. Ostergeheimnis.

Wie nähert man sich einem Geheimnis? Staunend! Singend! Betend! Mit offenem Mund und geöffneten Händen.

MEHR-FIEBER

|mmer schon wollten Menschen mehr. Mehr, als sie hatten. Mehr, als ihnen zustand. Jedenfalls mehr als die anderen. Dieses »Mehr-Fieber« ist eine der mächtigsten Triebfedern der Weltgeschichte. Und der Weltwirtschaft. Und es steckt tief in unseren Genen. Kleine Kinder muss man in der Regel nicht dazu erziehen, auch mal etwas für sich zu behalten. Im Gegenteil: Ein wichtiges Erziehungsziel heißt abgeben lernen. Abgeben und teilen.

Wir saßen mit unserem Sohn und seiner kleinen Tochter auf der Terrasse eines Bergrestaurants. Die bewohnten in unserer Ferienwohnung ein gemeinsames Zimmer. Die Kleine bekam als Erste einen Teller mit Pommes frites. Viel zu viele für die kleine Maus. Aber sie hütete jede Einzelne wie einen kostbaren Schatz. Jeder, der sie auch nur um ein winzig kleines Kartoffelstück anbettelte, bekam eine harsche Abfuhr. Papa inklusive. Ich habe dann zu einer längeren Rede ausgeholt und habe ihr erklärt, dass wir ja nun auch alles mit ihr teilen: das Auto, die Wohnung, unser Geld, das Essen. Und dass alle reicher werden, wenn sie teilen.

Was ihr einzuleuchten schien. Nach einer kurzen Denkpause sagte sie jedenfalls:

»Na gut, dann teile ich ab jetzt mein Zimmer mit Papa.«

Sie hatte kapiert. Und sofort einen Ausweg gefunden. Etwas teilen, was man sowieso nicht allein besitzt – das ist die Lösung!

So entdecken wir alle immer wieder unser ganz privates Schlupfloch. Finden lauter gute Gründe, warum wir das, was uns wichtig ist, nun wirklich nicht abgeben können. Komische Leute sind wir, egoistische Leute, verblendete Leute. Denn was von dem, was wir für uns beanspruchen, gehört uns wirklich, steht uns wirklich zu? Was haben wir uns selbst zu verdanken?

Im 5. Buch Mose wird erzählt, wie Gott zu einer längeren Rede ausholt. Wie er den Israeliten erklärt, dass sie die Städte, in denen sie wohnen, nicht selbst gebaut und die Weinberge und Ölbäume, von denen sie essen und trinken, nicht selbst gepflanzt haben. »... wenn du nun isst und satt wirst, so hüte dich, dass du nicht den Herrn vergisst, der dich aus Ägyptenland, aus der Knechtschaft, geführt hat« (5. Mose 6,11-12). Vergiss Gott nicht! Und deinen Nächsten nicht! So könnte Leben gelingen. Und die Welt aus der Krise finden.

OHNE LICHT BIST DU VERLOREN

Ohne Licht bist du verloren. Du siehst nichts. Du findest den Weg nicht. Du hast keine Orientierung. Du hast Angst.

Ohne Licht ist die Welt verloren. Nichts wächst, nichts blüht. Ohne Licht geht alles ein. Pflanzen und Tiere und Menschen.

Darum sind wir alle Lichtsucher. Wo ist das Licht? Vielleicht ist das die entscheidende Frage des Universums.

Aber nun das Evangelium: Das Licht ist da! Es ist gekommen! Am Anfang der Schöpfung schon: »Es werde Licht!« Und in der Zeitenwende: »Ich bin das Licht der Welt!« Das sagt Jesus über sich. Und über seine Leute. Die schickt er los mit den Worten: »Ihr seid das Licht der Welt!« Christen sind Lichtträger.

Und das Volk, das im Dunkeln lebt, sieht ein großes Licht. Und die Menschen, die in der Angst gefangen sind, wenden die Köpfe und sperren die Augen auf.

Jeder von uns darf eine Kerze sein. Angezündet vom Licht der Welt machen wir die Hoffnungslosigkeit um uns herum ein bisschen hoffnungsvoller. Und die Lieblosigkeit ein bisschen liebevoller. Und die Ausweglosigkeit ein bisschen mutvoller. Wie er. Und mit ihm. Christen sind Christusträger.

VERSCHWENDEN MACHT REICH

Aber nur fünf Minuten!«

Klar, seine Zeit war begrenzt, ihr Problem aber leider so gar nicht. Als er schon nach drei Minuten nervös auf seine Armbanduhr schielte, lief sie verstört aus seinem Büro. Gab es denn niemanden mehr in diesem Unternehmen, für den Menschen mehr waren als Kostenfaktoren?

»Aber nur zwei Euro!«

Klar, sie hatte selbst kaum genug zum Leben. Aber er hatte gar nichts. Seit er seinen Job los war und seine Frau ihn verlassen hatte, war alles leer. Hirn und Herz und Portemonnaie. Gab es denn niemanden mehr in dieser Stadt, für den er mehr war als ein hoffnungsloser Sozialfall?

»Aber nur eine!«

Klar, die Bananen waren ein bisschen teurer als die Sonderangebote im Supermarkt. Aber dafür kam vom Erlös ein bisschen mehr bei den verarmten Plantagenarbeitern an. Gab es denn nur noch Leute, die auf den Preis achteten und nicht auf die, die für diesen Preis bezahlen müssen?

Wir müssen sparen. Klar. Aber wir übertreiben meistens. 9 Billionen Euro haben wir Deutschen auf Sparkonten gesammelt. Ausgeschrieben: 9 000 000 000 000. Wir sparen für schlechte Zeiten. »Man weiß ja nie ...« Oder für bessere. »Später mal mache ich eine Weltreise ...« Sparen ist gut. Aber auch gefährlich.

Ein Freund war Direktor bei einer großen Bank und dort zuständig für Kunden, die mindestens eine Million Euro Barvermögen hatten. Glückliche Menschen? »Ich habe noch nie so viele unglückliche Menschen gesehen!« Und er gab der Unglücksursache auch gleich einen Namen: Mehr-Fieber. »Hast du die erste Million, willst du die zweite ...«

Jesus sagt einmal, wir sollen »Schätze im Himmel« anlegen (Matthäus 6,20). Weil sie da rostfrei und krisenfest sind. Und wie tut man das? Indem man Zeit und Geld und Kraft in andere Menschen investiert.

In einer provozierenden Geschichte illustriert er, was er meint (Matthäus 20,1-16): Da stellt der Besitzer eines Weinbergs Tagelöhner für die Lese ein. Zu einem fairen Lohn. Die erste Gruppe am Morgen. Eine zweite Gruppe am Mittag. Und die letzte kurz vor Feierabend. Die Letzten bekommen ihren Lohn als Erste ausbezahlt. Einen ganzen Tagessatz! Pure Verschwendung!

Aber so ist Gott, will Jesus sagen. Verschwendet seine Freundlichkeit an uns Menschen. Zahlt mehr, als er zahlen müsste. Viel mehr. Darum macht's genauso, ihr Menschen, die ihr von diesem Gott beschenkt worden seid! Verschwendet eure Freundlichkeit! Verschwendet Zeit und Geld! Und sammelt so Schätze im Himmel! Und werdet reich. Und glücklich.

IN WEIHNACHTSSTIMMUNG

Und wenn dir so gar nicht weihnachtlich zumute ist? Und wenn du denkst, Weihnachten passe irgendwie so gar nicht in dein krisengeschütteltes Leben oder in unsere krisengeschüttelte Welt? Dann habe ich eine gute Nachricht für dich:

Weihnachten ist – ein Krisenfest.

Okay, wir haben das weitgehend vergessen. Haben aus Weihnachten ein zuckersüßes Stimmungsfest gemacht. Die Hoch-Zeit der Gemütlichkeit. Was ja schön ist. Aber doch bestenfalls die halbe Wahrheit ausmacht.

Das erste Weihnachten nämlich fand mitten in der Krise statt. In einem besetzten und ausgebeuteten Land am Rand des römischen Imperiums. Auf verdorrten Hirtenfeldern am Rand einer kleinen Stadt. Ein Baby wird geboren und die Eltern können ihm nicht einmal ein warmes Bettchen bieten. Ein Futtertrog ist sein erstes Zuhause.

Maria und Josef und Jesus – was sie in jenen Tagen erleben und erleiden, ist alles andere als gemütlich.

Aber vielleicht versteht man Weihnachten nur dann so richtig, wenn die Gemütlichkeit ausbleibt. Denn das ist die Botschaft dieses außergewöhnlichen Festes: Gott kommt in die Krisen unseres Alltags! Gott erleuchtet die Dunkelheiten unseres Lebens! Gott entmachtet die Hoffnungslosigkeiten unserer Wirklichkeit! In Jesus steckt die ganze Liebe Gottes.

Wäre er nicht gekommen, säßen wir immer noch vaterseelenallein auf unserem blauen Planeten und wüssten nicht wohin mit unseren Ängsten, unseren Verletzungen, unserer Schuld. Unsere Sehnsucht nach dem Himmel bliebe auf ewig ungestillt.

Doch nun ist der Himmel aufgerissen und hat die Erde mit seinem Licht durchflutet. Weihnachten ist das Hoffnungsfest! Das Zuversichtsfest! Das Befreiungsfest! Weihnachten ist Jesusfest! Ein Fest für Menschen in der Krise.

Vor Jahren habe ich die Hörer des ERF gebeten, für eine Weihnachtssendung besondere Erlebnisse und Erfahrungen aufzuschreiben. Viele haben das getan. Und ich habe mich gewundert: Die außergewöhnlichsten Weihnachtserfahrungen waren Kriegserfahrungen, Hungererfahrungen, Einsamkeitserfahrungen. In der Krise hatten Menschen hautnah gespürt, was Weihnachten im Tiefsten bedeutet: Gott kommt in unsere Welt! Wir sind nicht allein! Niemals! Das Kind in der Krippe ist Gott in unserer Haut.

Wer's begreift, fängt plötzlich an zu staunen und zu beten und zu singen. »O du fröhliche, o du selige gnadenbringende Weihnachtszeit!«

WENN MAN EINEN KENNT, DEN »MAN« KENNT

Wie gut, wenn man einen kennt, den »man« kennt. Das kann man erzählen. Immer wieder mal. Und bekommt so ein bisschen ab vom Glanz seiner Prominenz. Wenn's dazu noch einer ist, der sich auskennt – umso besser. Man kann ihn anrufen, wenn Not am Mann ist. Oder an der Frau. Als Telefon-Joker bei »Wer wird Millionär« zum Beispiel.

Wenn man keinen kennt, den »man« kennt, sollte man wenigstens einen kennen, der einen kennt … »Vitamin B« nennt man das wohl. Das Beziehungs-Lebensmittel. Heute auch digital zu haben. In einem der vielen sozialen Netzwerke, die das Internet bietet. Allein zu »facebook« gehören weltweit über eine Milliarde Nutzer. Und täglich kommen Tausende dazu.

Aber auch Vitamin B hilft nur begrenzt, wenn's wirklich einmal knüppeldick kommt. Denn Menschen sind Menschen und haben deshalb nur menschliche Mittel und Möglichkeiten. Und menschliche Begrenzungen.

Gott ist Gott und hat göttliche Mittel und Möglichkeiten. Und keinerlei Begrenzungen. Wie gut, wenn man ihn kennt. Sich auf ihn verlässt. Auf ihn setzt. Er ist ganz oben. Ist der Schöpfer, der König der Welt. Aber er ist auch ganz unten. Bei den scheinbar Unbedeutenden. Den Unbekannten. Den Namenlosen.

Zu ihnen ist er gekommen. Als Mensch unter Menschen. Mit ihnen hat er gelitten. Für sie ist er gestorben. Und auferstanden. In Jesus steckt die ganze Liebe Gottes.

Und wir bekommen nicht nur etwas ab vom Glanz seiner Prominenz. Wir »werden geholfen«. Tag für Tag. Nacht für Nacht. Lebenslang. Und weit darüber hinaus.

E-MAILS SIND WIE TETRIS

Du sitzt an deinem Rechner und beantwortest E-Mails. Wird auch Zeit. Denn dein Postfach läuft über. Hast du sie glücklich abgeschickt, sind längst vier neue da. Teilweise mit umfangreichen Anhängen. Auch wenn dich ihr Inhalt zuweilen eigentlich gar nichts angeht. Du schreibst dir die Finger wund und löschst und löschst – und am Abend ist dein Postfach voller als am Morgen.

E-Mails beantworten ist wie Tetris spielen. Du freust dich über jede Schicht, die sich in Luft auflöst. Doch es kommen ständig neue Steinchen. Immer mehr, immer schneller.

Sie haben die Lufthoheit über dein Büro und dein Zuhause erobert. Aber sie erwischen dich längst überall. Per Blackberry und iPhone. In HotSpots und freien WLAN-Zonen. Und während du dich grämst, merkst du, dass du längst zum Junkie geworden bist. »Mal schauen, was es Neues gibt.« Und meldest dich bei Facebook an …

Wir werden getrieben und gejagt, bis uns die Puste ausgeht.

Was tun? Persönliche Ruhezonen schaffen und schützen. Nicht alles lesen wollen. Nicht alles wissen wollen. Und umgekehrt vor jedem Versand einer E-Mail überlegen: Wer muss das wissen? Wir müssen uns gegenseitig helfen. Damit wir nicht im Infomüll ersticken und am Ende entdecken: Das Leben findet nur noch digital statt.

Was würde Jesus sagen? »Was würde es dem Menschen helfen, wenn er alles wüsste, und würde dabei sich selbst verlieren. Und Gott!«

KEIN WEG, KEINE WAHRHEIT, KEIN LEBEN

Es gab keine Wege mehr. Keine Straßen. Alles zerstört. Zerbombt. Auch Lebenswege. Kurze und lange. Gerade und krumme. Abgerissen. Jäh in den Abgrund gestürzt. In den Untergang.

Es gab keine Wahrheit mehr. Die lauten Propagandasender waren verstummt. Und die Postmoderne tat ihren ersten zaghaften Schrei. Wenn »die« Wahrheit in eine solch grausame Katastrophe geführt hatte, durfte es eben überhaupt keine Wahrheit mehr geben. Wenigstens nicht im Singular. Nur im Plural. Jedem die seine.

Es gab kein Leben mehr. Millionen jüdische Mitbürger erbarmungslos verjagt und vergast. Eine ganze Generation junger Menschen gefallen oder traumatisiert. Zerschossene Lebensentwürfe. Verbrannte Hoffnungen. Träume hatten sich als Illusionen entpuppt.

Es war 1946. Jahr eins nach dem großen Krieg. Das Jahr der Orientierungslosigkeit.

Und dann diese Jahreslosung.

»Jesus Christus spricht: ›Ich bin der Weg und die Wahrheit und das Leben; niemand kommt zum Vater denn durch mich‹« (Johannes 14,6).

Als himmlischer Gegenentwurf für die verwundete Erde. Als Wort Gottes für die ziellos und planlos umherirrende Menschheit. Ein Wort beinahe so alt wie die Zeitrechnung. Und doch aktuell wie ein Extrablatt.

Es gibt einen Weg! Jesus! Es gibt eine Wahrheit! Jesus! Es gibt Leben! Jesus! Ja, mehr noch: Es gibt den Weg, die Wahrheit, das Leben: Jesus! Ohne ihn und an ihm vorbei gibt es das alles nicht! Nirgends!

Mancher mag sich damals an die Barmer Theologische Erklärung von 1934 erinnert haben, die mit just diesem Bibelwort eingeleitet worden war und deren erste These lautete:

»Jesus Christus, wie er uns in der Heiligen Schrift bezeugt wird, ist das eine Wort Gottes, das wir zu hören, dem wir im Leben und im Sterben zu vertrauen und zu gehorchen haben.«

Und was folgt daraus?

»Wie Jesus Christus Gottes Zuspruch der Vergebung aller unserer Sünden ist, so und mit gleichem Ernst ist er auch Gottes kräftiger Anspruch auf unser ganzes Leben; durch ihn widerfährt uns frohe Befreiung aus den gottlosen Bindungen dieser Welt zu freiem, dankbarem Dienst an seinen Geschöpfen.«

Ein prophetischer Text. Der christliche Glaube in einer Nussschale. Theologie auf den Punkt gebracht. Glauben. Und Leben. Privat. Und öffentlich. Für damals. Für heute.

Vor einigen Jahren habe ich einen kleinen Liedtext geschrieben, der die Losung des Jahres 1946 in unsere Lebenswirklichkeit zu übersetzen versucht.

Zehnmal tausend Ziele –
in einem Wald voller Wegweiser sind wir verirrt.
Einfach viel zu viele!
Da hör ich Jesus, er sagt: Ich bin der Weg.

Laute, leise Lügen
laden zum Maskenball, laden zum Totentanz ein:
»Kommt euch selbst betrügen!«
Da hör ich Jesus, er sagt: Wahrheit bin ich.

Leer gebranntes Leben,
genarrt von Träumen und Tröstern, die welken im Wind.
Hoffnungslos daneben!
Da hör ich Jesus, er sagt: Leben bin ich.

DIE ERDE IST DES HERRN

Er schlug die Zeitung auf. Neue Erkenntnisse über die drohende Klimakatastrophe. Ein Tankerunglück in der Nordsee. Eine neue Serie von Selbstmordattentaten im Irak. Als sein Blick ins kleine Losungsheft fiel. Dort las er: »Die Erde ist des Herrn und was darinnen ist, der Erdkreis und die darauf wohnen« (Psalm 24,1).

Sie machte sich fertig für die Schule. Sechs Stunden Mathematik und Physik. Lauter unangenehme Klassen. Nur wenige, die an ihrem Stoff wirklich interessiert waren. Am liebsten hätte sie sich krankgemeldet. Sie zitterte ein bisschen, wenn sie an ihre Schülerinnen und Schüler dachte. Als ihr Blick auf einen Bibelvers fiel: »Die Erde ist des Herrn …«

Sie hatten sich auf diesen Tag gefreut. Endlich Urlaub. Endlich frei. Endlich im Flieger. »Schau mal aus dem Fenster«, sagte er zu ihr, als sie über die Alpen flogen. »Traumhaft!« Als ihr der Vers einfiel, den sie am Morgen noch in ihrer Bibel gelesen hatte: »Die Erde ist des Herrn …«

Die Erde ist des Herrn. Und alles, was auf dieser Erde wächst und blüht und gedeiht. Wunderbare Schöpfung. Wunderbare Geschöpfe. Uns Menschen zur sorgsamen Verwaltung anvertraut. Zum Hegen und Pflegen. Wer die Schöpfung ausbeutet, missachtet den Schöpfer. Wer die Erde mit Füßen tritt, beleidigt Gott. Wer die Menschen knechtet, versündigt sich an ihrem Herrn.

VERSPROCHEN – GEBROCHEN

In einem der letzten Bundestagswahlkämpfe startete eine der großen Volksparteien eine Kampagne unter der Überschrift »Versprochen – gebrochen«. In dieser Kampagne sollte dem politischen Gegner nachgewiesen werden, dass er die meisten seiner vollmundigen Versprechen nicht gehalten habe.

Dabei hat das keinen sonderlich aufgeregt. Viele erwarten von Politikern offenbar nichts anderes. Aber von sich selbst vielleicht auch nicht. Schließlich lernen wir es schon als kleine Kinder. Da sagt Papa: »In der nächsten Woche gehen wir zusammen ins Kino. Versprochen.« Aber in der nächsten Woche hat er wieder keine Zeit. Da sagt Mama: »Wenn du dein Zimmer aufräumst, dann darfst du zu deinem nächsten Geburtstag alle deine Freunde einladen.« Doch beim nächsten Kindergeburtstag hat sie dann doch nur Nerven für eine Handvoll Radaumacher. Und so geht das weiter. Immer und immer wieder: Versprochen – gebrochen.

Nun schleicht sich bei Christen zuweilen der Verdacht ein, bei Gott wäre das so ähnlich. Da gibt es die vielen großen Verheißungen für das Volk Israel und für das Volk der Christen. Da gibt es das große Versprechen von Jesus, dass er bei seinen Leuten sein will bis ans Ende der Zeit. Und da gibt es die ungezählten privaten und persönlichen Verheißungen und Versprechungen Gottes, die jeder von uns empfangen hat durch einen Menschen oder durch ein Wort der Bibel. Kommen die ersten Schwierigkeiten, beginnen wir zu zweifeln: Sollte Gott das wirklich so gemeint haben? Sollte er überhaupt noch daran denken? Sollte Gott seine Verheißung vielleicht sogar vergessen haben?

Die gute Nachricht ist: Die Formel »Versprochen – gebrochen« gibt es bei Gott nicht. Dietrich Bonhoeffer hat einmal gesagt: »Gott erfüllt nicht alle unsere Wünsche, aber alle seine Verheißungen.« Will sagen: Gott hält Wort, unter allen Umständen. Daran kann ich mich festklammern, wenn Zweifel meine Gedanken und Gefühle erobern.

Psalm 105 ist so eine »Klammerhilfe«: »Er gedenkt ewiglich an seinen Bund, an das Wort, das er verheißen für tausend Geschlechter.«

Gott denkt an seinen Bund. An die Verbindung, die er mit den Menschen eingegangen ist. Damals mit Abraham. Oder mit Noah, dem er den Regenbogen in die Wolken gesetzt hat. Wir nennen das den Alten Bund. Gott denkt vor allem aber auch an den Neuen Bund, den er durch Jesus mit seinen Menschen geschlossen hat, an das Kreuz, das er in den Felsen vor den Toren Jerusalems gerammt hat. Zeichen seiner Liebe. Zeichen seiner Gnade. Zeichen seiner Barmherzigkeit. Sie gelten in Ewigkeit.

RECHT IST, WAS IHNEN RECHT IST

Mit scharfen Worten geißelte er die »unverschämten Forderungen des Betriebsrates« – und schaffte klammheimlich ein paar Millionen aufs eigene Konto. Als die Sache aufflog, war er ausgeflogen. Einem Reporter, der ihn Wochen später in einem piekfeinen Luxushotel unter südlicher Sonne aufspürte, sagte er lediglich, er habe sich »vielleicht ein bisschen ungeschickt« angestellt. Im Übrigen habe er sich nichts vorzuwerfen.

Das sind sie, die »Helden«, die »tüchtigen Männer« des 21. Jahrhunderts. Helden in Nadelstreifen. Recht ist, was ihnen recht ist. Wert hat, was den Wert ihres Vermögens steigert.

Doch Vorsicht! Vielleicht sitzen wir anderen im Glashaus, während wir genüsslich mit Steinen werfen. Leben längst nach ähnlichen Maximen. Welche Werte bestimmen unsere täglichen Entscheidungen? An welchem Gesetz nehmen wir Maß? Das Gesetz, das der »Herrscher der Welt« erlassen hat, lautet so: »Liebe Gott von ganzem Herzen und mit allen deinen Kräften. Und deinen Nächsten wie dich selbst.« Wer das bedenkt und beherzigt, geht mit Kindern, Kollegen und Konkurrenten anders um. Und mit seinem Besitz. Und ist ein wirklicher Held.

NICHT GENUG PLATZ IN DER SMS

Früher, ganz früher, als man noch Briefe schrieb, haben gute Freunde und ich oft und gerne den 3. Brief von Johannes zitiert. Vers 2 am Anfang:

»Mein Lieber, ich wünsche, dass es dir in allen Dingen gut gehe und du gesund seist, so wie es deiner Seele gut geht.«

Und aus den Versen 13 bis 15 am Schluss:

»Ich hätte dir viel zu schreiben; aber ich wollte nicht mit Tinte und Feder an dich schreiben. Ich hoffe aber, dich bald zu sehen; dann wollen wir mündlich miteinander reden. Friede sei mit dir!«

Ist ja doch auch ein herrlicher Rahmen für die Kommunikation mit Menschen, die einem am Herzen liegen.

Ich wünsche meinen Freunden gleich zu Beginn, dass es ihnen gut geht. In jeder Beziehung. Außen und innen. Dass sie mit sich selbst im Reinen sind, mit den Menschen um sie herum und mit Gott. Besseres kann man nicht wünschen, oder? Und am Schluss weise ich mit den Worten von Johannes auf die Begrenztheit jedes schriftlichen Austausches hin und sage einfach, dass es richtig schön wäre, sich mal wieder persönlich zu treffen. Und ich wünsche Frieden. Gottes Frieden.

Für einen solchen Rahmen ist meist keine Zeit, wenn man E-Mails schreibt. Und kein Platz, wenn man eine SMS ins Handy tippt. Schade. Denn dadurch verliert nicht nur unsere Kommunikation an Tiefe, auch unsere Beziehungen werden oberflächlicher und bedeutungsloser. Ich jedenfalls möchte heute ganz neu bei Johannes in die Schule gehen. Meine Freunde werden das hoffentlich merken.

DAS BÖSE

Der amerikanische Autor Scott Peck hat sich in seinen Büchern immer wieder auch mit der Frage auseinandergesetzt, was eigentlich das Böse ist. Einmal schreibt er, dass das Böse nicht eigentlich das Böse ist, das wir tun. Denn jeder tut immer wieder etwas Böses. Das Böse, so Scott Peck, zeige sich vor allem darin, dass einer dieses Böse gut nennt.

Und ich denke an ein Interview, das ich vor vielen Jahren mit einem Sohn des Auschwitz-Arztes Josef Mengele gehört habe. Dieser Sohn sagte auf die Frage, ob sein Vater denn am Ende bereut habe: Nein, diesen Eindruck habe er eigentlich nie gehabt. Und das, obwohl er in Auschwitz die Vergasung der Opfer überwacht hat, obwohl er menschenverachtende medizinische Experimente an Häftlingen durchgeführt hat. Der Sohn von Josef Mengele: Sein Vater habe eigentlich bis zum Schluss immer behauptet, das alles sei gut gewesen, im Dienste der Menschheit, im Dienst der Medizin.

Genau daran denkt Scott Peck wohl, wenn er sagt: »Das Böse ist im Grunde das Böse, das einer gut nennt.« Man kann auch sagen: Das ist die böseste Ausformung des Bösen.

Und das geschieht nicht erst in unseren Tagen. Das klagt auch schon der alttestamentliche Prophet Jeremia an: »Du sprichst: Ich bin unschuldig; er hat ja doch seinen Zorn von mir gewandt. Siehe, ich will dich richten, weil du sprichst: Ich habe nicht gesündigt« (Jeremia 2,35).

Ein Gerichtswort, das auf die Untreue des Volkes Juda eingeht, das den lebendigen Gott längst eingetauscht hatte gegen alle möglichen und unmöglichen Götter und Götzen. Das war schlimm. Das war böse. Aber das eigentlich Böse war dann, dass die Menschen behauptet haben, es wäre doch alles gut und richtig und vielleicht sogar im Sinne Gottes gewesen, denn er habe sie schließlich bisher verschont. Das angedrohte Gericht sei nicht eingetreten. »Wir haben nicht gesündigt. Gott kann mit uns zufrieden sein.«

Kennst du das auch aus eigenen Gedanken und Gefühlen? Ich kenne das ganz gut. Es ist ja nicht so einfach, Schuld einzugestehen. Es ist nicht so einfach, mit leeren Händen vor Gott oder vor Menschen zu stehen, mit »abgesägten Hosen«, wie ein Schweizer Freund das immer nennt.

Es ist nicht so einfach, mit gesenktem Kopf zugeben zu müssen, dass man ganz und gar danebengelegen hat, dass man schuldig geworden ist. Viel eher suchen wir tausend Ausreden und Ausflüchte. Viel eher schieben wir die Schuld auf andere. Wir möchten doch noch in den Spiegel schauen können. Wir möchten doch vor uns selbst bestehen können. Das aber ist ein Teufelskreis im wahrsten Sinne des Wortes. Ein Kreislauf, in dem der Teufel Menschen festhält.

Was ist der Ausweg? Vielleicht das, was unsere Väter und Mütter manchmal den »Zerbruch« genannt haben. Schonungslos offen werden. Sich selbst gegenüber. Gott gegenüber. Und vielleicht auch dem einen oder anderen Menschen gegenüber. Die wohlpolierten Fassaden abreißen und sich als der Mensch sehen, der man nun einmal ist: einer, der weder Gottes Anforderungen genügen kann noch den Erwartungen der Menschen.

Und dann? Und dann Christus sehen, den gekreuzigten und auferstandenen Christus, der für all unser Versagen seinen Kopf hingehalten hat, der dafür gestorben ist, der uns Gottes unverdiente Gnade, seine unverdiente Barmherzigkeit zusagt. Und diesem Christus zu Füßen fallen. Heulend vor Scham und vor Freude. Ich muss nicht länger so tun als ob. Ich darf der sein, der ich bin. Ein Sünder, der Gottes Gnade geschenkt bekommen hat. Heute und immer wieder.

FREUND, FEIND, BRUDER?

In der Politik gibt es die kecke Steigerungsformel: Freund, Feind, Parteifreund.

Ist das in der Kirche eigentlich auch so? In der Gemeinde? Na, hoffentlich nicht.

Am Rande der Wartburg-Gespräche habe ich dazu einmal Günther Beckstein befragt. Er war ja Ministerpräsident in Bayern und ist auf relativ unschöne Weise aus seinem Amt gedrängt worden. Heute ist er stellvertretender Präses der Synode der Evangelischen Kirche in Deutschland. Bei der Wahl zum Präses ist er gescheitert. Er kennt also die Welt der Politik genauso gut wie die Kirche.

»Wo ist es eigentlich besser? Oder anders gesagt: Wo ist es eigentlich schlimmer?«, habe ich ihn gefragt. »Ach«, hat er geschmunzelt, »da gibt es eigentlich gar keine großen Unterschiede.« Um nach kurzem Zögern hinzuzufügen: »Manchmal ist es in der Kirche noch schlimmer, weil man da nicht so mit offenen Karten spielt.«

Freund, Feind, Parteifreund. Auf die Kirche übertragen hieße das dann: Freund, Feind, Bruder oder Schwester.

Richtig daran ist, dass die, die sich miteinander in der Kirche, in der Gemeinde engagieren für Gott und für die Welt, dass die einander in der Regel nicht gesucht haben. Und dass deswegen sehr unterschiedliche Menschen mit sehr unterschiedlichen Charakteren, mit sehr unterschiedlichen Lebensgeschichten aufeinandertreffen. Das ist nicht unbedingt immer der Himmel auf Erden. Manchmal vielleicht sogar das Gegenteil davon. Ich könnte jetzt Geschichten erzählen ...

Aber eigentlich soll es so nicht sein. Eigentlich muss es so auch gar nicht sein. Über die ersten Christen heißt es in der Apostelgeschichte: »Die Menge der Gläubigen aber war ein Herz und eine Seele« (Apostelgeschichte 4,32). Gut, das hat man dann ein paar Jahre später so auch nicht mehr sagen können. Trotzdem ist das ja vielleicht der Normalfall von Gemeinde und nicht das andere, der Richtungsstreit, die Rechthaberei.

Die Bibel wirft stets einen sehr realistischen und nüchternen Blick auf die Menschen, die mit Gott in dieser Welt unterwegs sind. Ich denke an Kain und Abel. An Saul und David und Absalom. Ich denke an die Jünger, die sicherlich nicht nur einmal darüber diskutiert haben, wer denn im kommenden Reich des Messias Jesus eine besonders wichtige Rolle spielen würde.

Bei Lot und Abram war es nicht anders. Zusammen mit seinem Neffen Lot zieht Abram mit seinen Viehherden durchs Land Kanaan und wird dabei reich. Allerdings gibt es zunehmend Streit zwischen den Hirten Abrams und den Hirten Lots. Da macht Abram einen weisen Vorschlag: »Lass doch nicht Zank sein zwischen mir und dir und zwischen meinen und deinen Hirten; denn wir sind Brüder« (1. Mose 13,8).

Und er schlägt Lot vor, sich einen Teil des Landes auszusuchen. Er würde dann den anderen nehmen. Lot entscheidet sich für die Jordanebene. Und der Konflikt ist bereinigt.

Ich bin bei diesen vier Worten hängen geblieben: »Denn wir sind Brüder.« Wobei das Wort »Brüder« hier durchaus in einem weiteren Sinne gebraucht wird. »Denn wir sind doch verwandt«, könnte man auch übersetzen. Was heißt denn das: Wir sind Brüder? Es heißt, wir haben denselben Vater. Wir gehören zusammen. Wir gehören zum selben Fleisch und Blut.

Ich glaube, dass hier der Schlüssel liegt, um die zahlreichen Konflikte, denen wir in der Gemeinde immer wieder begegnen, lösen zu können: »Wir gehören zusammen.« »Wir haben denselben Vater.« »Wir haben denselben Herrn.« »Wir leben miteinander von seiner Gnade und Barmherzigkeit.« »Sein Kreuz steht über uns und es steht zwischen uns.«

Darauf wollen und sollen wir uns immer wieder neu besinnen und neu zueinanderfinden. Oder wie Abram und Lot künftig friedlich getrennte Wege gehen. Aber, eben, friedlich! Denn wir gehören zusammen in Zeit und Ewigkeit. Ob wir wollen oder nicht.

Freundschaften kann man auflösen. Verwandtschaftliche Beziehungen nicht. »Denn wir sind Brüder.« »Denn wir sind Schwestern.« Lasst uns so aufeinander zugehen. Lasst uns so miteinander umgehen.

RECHT SO

Wetzlar, die Heimatstadt von ERF Medien und die Stadt, in der ich seit Jahrzehnten zu Hause bin, ist auch die Heimatstadt des Reichskammergerichts. Auch Goethe war hier ein paar Monate tätig.

Von 1689 bis 1806 war dieses höchste deutsche Gericht hier an der Lahn zu Hause. Es sollte vor allem dafür sorgen, an die Stelle von Fehden, von Gewalt und Krieg ein geregeltes Streitverfahren zu setzen. 1495 schon war dieses Gericht gegründet worden, und zwar auf dem berühmten Reichstag zu Worms. Es war quasi der Vorläufer des Bundesgerichtshofs. Hier wurde verbindlich Recht gesprochen. Menschen waren nicht mehr abhängig von der Willkür der Landesherren des Königs oder des Kaisers. Die Justiz hatte zum ersten Mal eine gewisse Unabhängigkeit.

Bis heute ist das ein wesentliches Kennzeichen eines funktionierenden demokratischen Staates: »die Unabhängigkeit der Rechtsprechung«. Eine solche Unabhängigkeit gibt es bis heute in vielen Staaten der Erde nicht. In jeder Diktatur, in jedem totalitären Staat sind Menschen der Willkür der jeweiligen Machthaber ausgeliefert. Das Recht wird systematisch gebeugt. Und es gibt keine Möglichkeit, dagegen vorzugehen.

Recht – das ist ein hohes Gut, für das es sich zu kämpfen lohnt. Ein Gut, das himmlisch legitimiert ist. Ein Bibelvers bringt es so auf den Punkt: »Der Herr hat das Recht lieb.« Im Psalm 37 steht dieser Satz: »Der Herr hat das Recht lieb.«

Das hebräische Wort, das hier steht, bezeichnet auch die Liebe zwischen Mann und Frau. Die Liebe der Eltern zu ihren Kindern. Die Liebe in einer Freundschaft. Es beschreibt aber auch eine verlässliche Partnerschaft. Ahava – eine hoch emotionale Angelegenheit mit sehr nüchternen Folgen. Gott liebt das Recht. Er hat es lieb. Gott will, dass Menschen Gerechtigkeit widerfährt, dass sie gerecht beurteilt und behandelt werden. Wer immer auf dieser Welt für Gerechtigkeit eintritt, wer immer für das Recht von Menschen eintritt, ja für das Recht der gesamten Schöpfung, hat Gott auf seiner Seite.

Wobei er der Maßstab ist, die Mitte. Er, der Schöpfer und Erhalter der Welt. Er, der den Menschen das Grundgesetz gegeben hat, die Zehn Gebote. Sie sind, so hat es Martin Luther im Kleinen Katechismus geschrieben, »zur Regel- und Richtschnur des ganzen Lebens« gegeben, um »Gott damit zu ehren, seinem Nächsten zu dienen und seinen eigenen Glauben dadurch zu zeigen«.

Allerdings sagt Luther auf die Frage »Kannst du das tun, was das Gesetz von dir fordert?«

»Ach, nein! Vollkommen kann ich es in diesem Leben nicht tun wegen der anklebenden Sünde.«

Und auf die Frage »So muss dich also der Fluch des Gesetzes treffen?« antwortet Luther:

»Von Rechts wegen sollte und müsste er mich freilich treffen; es ist mir aber mein Herr Jesus gut dafür; denn er hat das Gesetz erfüllt. Seine Erfüllung ist meine Erfüllung; denn er hat das Gesetz an meiner statt erfüllt und mich von dem Fluch des Gesetzes erlöst.«

Der Herr hat das Recht lieb. Der Herr hat vor allem aber auch seine Menschen lieb. Deswegen hat er Jesus geschickt. Er ist Gottes Recht in Person, Gottes Gerechtigkeit. Und in ihm steckt die ganze Liebe Gottes.

BRING GOTT ZUM LACHEN – MACH PLÄNE

Wir planen viel. Wir planen den ganzen Tag. Wir planen unser Heute und unser Morgen und unser Übermorgen. Wir sorgen vor fürs Alter., Wir schließen Versicherungen ab. Wir füllen unsere Vorratskammern und unsere Terminkalender. Wer plant, sichert sich ab. Er ist auf der sicheren Seite. Zumindest glaubt er das. Denn eigentlich lässt sich gar nichts planen. Ich weiß nicht einmal, ob ich den nächsten Satz in diesem Text noch schreiben werde. Ich weiß nicht, ob mir nicht im nächsten Moment der Atem stockt, ob mein Herz plötzlich aufhört zu schlagen. Ich weiß nicht, ob die Erde sich weiterdreht. Ich weiß nicht, ob irgendein verrückter Diktator auf den roten Knopf drückt und eine Rakete mit Atomsprengköpfen ins Nachbarland schießt. Ich weiß nicht, ob die, auf die ich mich verlasse, morgen überhaupt noch da sind. Eigentlich weiß ich gar nichts.

Ich könnte glatt trübsinnig werden, wenn ich darüber nachdenke. Ich könnte aber auch gelassen werden. Ein Vers aus dem Buch der Sprüche hilft dabei.»In eines Mannes Herzen sind viele Pläne; aber zustande kommt der Ratschluss des Herrn« (Sprüche 19,21).

Will sagen: Unser Leben ist in der Hand Gottes. Und zwar des Gottes, der nicht nur unser Schöpfer ist, sondern der durch Jesus Christus auch unser Vater geworden ist. Er lässt uns leben. Er lässt uns atmen. Er lässt unser Herz schlagen. Er lässt den Mond um die Erde kreisen und die Erde um die Sonne. Er schickt immer wieder Frühling, Sommer, Herbst und Winter. Er hält, wie es in diesem alten wunderschönen Gospel heißt, die ganze Welt in seiner Hand. Und damit auch dich und damit auch mich.

Ich glaube nicht, dass dieser Vers aus den Sprüchen sagen will: Hört auf, Pläne zu machen. Wir sollen nicht planlos durch die Welt stolpern. Nichts gegen das Plänemachen. Aber alles dagegen, sich auf seine Pläne zu verlassen und sich damit in einer trügerischen Selbstsicherheit zu wiegen.

Unser Leben ist in der Hand Gottes. Und wir dürfen an seiner

Hand durch dieses Leben stolpern. Und wir dürfen und sollen ihn immer wieder fragen, ob der Weg, den wir uns überlegt haben, ein guter Weg ist. Ein Weg, der zum Ziel führt. Oder ob es eine Sackgasse ist. Auf Gott ist ja Verlass. Er hat den Überblick und er hat mich lieb. Er weiß besser, was gut ist für mich und für andere.

Wer so lebt, lebt gelassener als seine Zeitgenossen. Und er lebt ertragreicher. Bei dem, was er tut und sagt, kommt mehr heraus. Er ist zur richtigen Zeit am richtigen Ort. Er sagt im richtigen Moment das richtige Wort. Er trifft im richtigen Moment die richtige Entscheidung.

Ich will auch weiterhin meinen Tag planen und mein Leben, meine Arbeit und meine Freizeit. Ich will Ziele festlegen und die Wege, auf denen ich diese Ziele erreichen kann. Aber ich will bei alldem Gott immer die Möglichkeit geben, mich zu beraten und mich zu korrigieren. Ich will ihm die Möglichkeit geben, alle meine Pläne zu durchkreuzen, weil ich doch längst weiß, dass er es besser weiß und auch besser kann. Vielleicht bete ich ja mit Paul Gerhardt: »Ist's Werk von dir, so hilf zu Glück. Ist's Menschentun, so treib zurück und ändere meine Sinnen. Was du nicht wirkst, das pflegt von selbst in Kurzem zu zerrinnen.«

VIEL GLÜCK! UND NICHT NUR EIN GLÜCKCHEN!

Wir wissen, was eine Krankheit ist, wenigstens ungefähr. Aber wissen wir auch, was Gesundheit ist? Wir wissen, was ein Unglück ist, meist ziemlich genau. Aber wissen wir auch, was Glück ist?

Bei der Gesundheit hilft uns die Weltgesundheitsorganisation: Gesundheit ist »ein Zustand des vollständigen körperlichen, geistigen und sozialen Wohlergehens«. Eine Weltglücksorganisation gibt es nicht. Zum Glück. Denn nun müssen wir uns selbst auf Spurensuche begeben. Was ist Glück?

Das Nachrichtenmagazin Focus hat vor ein paar Jahren Prominente gefragt. Für eine TV-Talkerin war Glück »Familie plus Erfolg«. Für einen Politiker »alle Filme von Laurel und Hardy auf DVD«. Und für einen Schriftsteller ganz schlicht der »gelungene Satz«.

Aber wenn der Erfolg ausbleibt? Oder die Familie? Wenn die DVDs Schrammen bekommen? Oder wenn auf den einen gelungenen Satz viele misslungene folgen?

Ist das, was wir für Glück halten, nicht häufig genug bestenfalls ein Glückchen? Ein gefährdetes, vergehendes Glückchen?

Die biblische Losung, die über dem Jahr 2014 steht, behauptet, dass es mehr gibt. Wirkliches Glück. Und sie verrät, wo es das gibt. Bei Gott.

»Gott nahe zu sein, ist mein Glück!«

Luther hat diesen Vers aus Psalm 73 so übersetzt: »Das ist meine Freude, dass ich mich zu Gott halte.«

Das klingt für manchen Bibelleser vertrauter. Aber vielleicht erreicht die Formulierung aus der Einheitsübersetzung, für die sich die Ökumenische Arbeitsgemeinschaft für Bibellesen entschieden hat, ganz neu unser Herz. Und wir begreifen: Gott ist nicht nur Freude. Er ist Glück. Und jeder, der sich an ihn hält, ist ein Glückskind. Weil er seine freundliche Fürsorge genießen kann. Im warmen Nest seiner Liebe zu Hause ist. Die Weite seines Himmels atmet.

Und weiß: Das alles ist unvergänglich.

Denn was Gott schenkt, ist wie er: ewig.

EINFACH LESENS WERTH

5 *ANGEDACHT*

BIBLISCHE IMPULSE

BETEN WIE JESUS

Vielleicht ist es das bekannteste Gebet der Welt: das Vaterunser. Formuliert wurde es von dem, der dem Christentum seinen Namen gegeben hat: Jesus Christus. Matthäus hat es in seinem Evangelium notiert. Es ist Teil der Bergpredigt. Es ist gut, auf diesen Zusammenhang zu achten.

Jesus wendet sich im Text zuvor gegen das Beten der Angeber: »Wenn du beten willst, dann geh in dein Zimmer, schließe die Tür zu und bete zu deinem Vater, der im Verborgenen ist; dein Vater, der auch das Verborgene sieht, wird dich dafür belohnen.«

Und er wendet sich gegen das Gebet der Plaudertaschen: »Wenn ihr betet, dann leiert nicht endlos Gebetsworte herunter wie die Heiden; sie meinen, sie könnten bei Gott etwas erreichen, wenn sie besonders viele Worte machen.«

Meine Gedanken, meine Vorschläge greifen oft viel zu kurz. Wir würden vielleicht oberflächlich und kurzfristig unsere Probleme lösen, aber nicht in der Tiefe und nicht langfristig. Der amerikanische Countrysänger Garth Brooks singt in einem Lied: »Eines der größten Geschenke Gottes sind unbeantwortete Gebete.«

Erst habe ich mich über diese Aussage geärgert. Dann habe ich an Situationen meines eigenen Lebens gedacht und musste zugeben, dass alles gut geworden ist. Obwohl oder gerade weil es anders kam, als ich Gott geraten habe. Ich will darum etwas bescheidener beten. Etwas vertrauensvoller auch. Und ich will mich ganz neu darüber freuen, dass er es auf jeden Fall und unter allen Umständen gut macht. Mit mir und mit der ganzen Welt.

EINER STEHT ZU MIR

Du stehst vor den Schranken des Jüngsten Gerichts, und es geht nicht darum, dass du kürzlich zu schnell gefahren bist, dass du die dritte Mahnung übersehen, dass du deinen Nachbarn »Blödmann« genannt hast. Nein, es geht um dein Leben. Um dein ganzes Leben. Um all die hunderttausend kleinen und großen Situationen, in denen du nicht so warst, wie du hättest sein sollen. In denen du anderen das Leben noch ein bisschen schwerer gemacht hast. Um die ungezählten Sätze, die Menschen verletzt haben. Um die ungezählten Situationen, in denen du deinen Vorteil gesucht und gefunden hast auf Kosten anderer. Wo du es mit der Wahrheit nicht so genau genommen hast. Wo du dich angesichts des Elends in der Welt hinter einem Panzer aus Gleichgültigkeit verschanzt hast. Wo du so getan hast, als gäbe es keinen Gott.

Nun weißt du, dass es ihn gibt. Er fordert Rechenschaft von dir. Hier vor diesem apokalyptischen Gericht. Dir gefriert das Blut in den Adern, denn du weißt, hier hast du keine Chance, hier kannst du nicht mit einem Freispruch rechnen.

Doch da steht plötzlich einer auf. Du kennst ihn. Du erkennst die Wundmale in seinen Händen. Stumme Zeugen seines grausamen Martyriums, seiner Hinrichtung an einem römischen Kreuz. Du hast ihn bisher nicht bemerkt. Still saß er dort, wo vor Gericht der Verteidiger sitzt. Jetzt geht er auf den Richter zu und er sagt:»Ich beantrage Freispruch. Dieser Mensch gehört zu mir. Er hat an mich geglaubt. Er hat mir vertraut. Ich habe seine Strafe bereits im Voraus verbüßt. Die Wundmale in meinen Händen sind der Beweis dafür.« Und der Richter schaut dich an und er lächelt. Und dann sagt er das Wort aller Wörter:»Freispruch.« Dann schaut er seinen Sohn an und du hörst ein unendlich zartes und liebevolles:»Danke, mein Sohn.«

»ABER BITTE NICHT DIE 13!«

Die 13 gilt als Unglückszahl. Und das gleich in vielen verschiedenen Kulturen. Sie hat sogar einem Krankheitsbild den Namen gegeben: Triskaidekaphobie, die »Dreizehnfurcht«. Menschen, die daran leiden, meiden alles, was mit einer 13 beklebt ist. Den 13. Stock, die 13. Sitzreihe, den 13. Tag eines Monats – vor allem, wenn er auf einen Freitag fällt. Weshalb es in manchen Hotels kein 13. Stockwerk gibt. Und kein Zimmer Nummer 13.

Die 13 hat's aber auch schwer. Sie folgt der 12. Und damit einer ausgesprochen heiligen Zahl. Aus 12 Stämmen besteht das Volk Israel. Der Brustpanzer des Hohepriesters ist mit 12 Edelsteinen besetzt. Jesus zieht mit 12 Jüngern durchs Land. Und das himmlische Jerusalem hat 12 Tore, auf denen 12 Engel stehen.

Doch selbst das Jahr 2014 besteht aus 12 Monaten. Was Triskaidekaphobikern vielleicht ein bisschen trösten kann.

Mehr noch aber kann es der souveräne Schöpfer der Welt und der Menschen und der Zahlen. Der Herr der Geschichte und der Meister des Lebens. Der Erlöser. Der Auslöser. Der Furchtlöser. Er befreit Menschen von allen Herren, die Sinn und Sinne versklaven.

In seine Hand wollen wir immer neu die Vergangenheit zurückgeben. An seiner Hand wollen wir die Zukunft betreten. Unter seiner Hand wollen wir mutig ausschreiten. Gegen alle Furcht, die uns lähmen will. Er lässt uns ausrichten: »In der Welt habt ihr Angst; aber seid getrost, ich habe die Welt überwunden« (Johannes 16,33). Und Ängstliche und Verzagte werden getröstet. Und Mutlose beginnen zu vertrauen.

In einer Welt, in der nichts bleibt, wie es war, sind wir als Menschen der Hoffnung unterwegs Richtung Zukunft. Denn: »Wir haben hier keine bleibende Stadt, sondern die zukünftige suchen wir.« So lautete im Jahr 2013 die Jahreslosung aus dem Hebräerbrief, Kapitel – tatsächlich! – 13.

EXODUS 2

Das muss man sich mal vorstellen: Ein ganzes Volk auf der Flucht. Viele Tausend Menschen. Männer, Frauen, Kinder und sicherlich auch Tiere. Alle mit ein paar Habseligkeiten auf dem Buckel. Das muss man sich mal vorstellen!

Nein, man muss es sich nicht einmal vorstellen. Solche Bilder liefert uns das Fernsehen frei Haus. Beinahe jeden Tag. Kriegs- und Katastrophenopfer, die zu Tausenden von einem Land ins andere fliehen. Bilder aus Afrika zumeist. Selten sieht man jemand lächeln. Die Geschichte hat Sorgenfalten auf die Stirn der Menschen gemalt. Manchmal sprechen Angst und Entsetzen aus ihren Augen.

Doch das Volk auf der Flucht, von dem ich hier erzähle, lacht und singt und tanzt. Es ist frei. Freigelassen. Aus der Sklaverei entlassen.

Ich erzähle vom Volk Israel, von seinem unvergleichlichen Exodus aus den Lehmgruben und Ziegelfabriken Ägyptens, von jenem Wunder, das die Juden bis heute Jahr für Jahr bei jedem Passahfest feiern. Sprichwörtlich sind die Plagen, die den Pharao schließlich zum Einlenken bewegt haben, sprichwörtlich der Zug durch das Schilfmeer, als die ägyptischen Truppen die Freigelassenen zurückzwingen wollten. Wunder auf Wunder erlebt dieses Volk. Wunder mit einem wunderbaren Gott. Einem wundertätigen Gott. Immer tut er das Unerwartete. Schafft, was Menschen nicht schaffen können. Und bringt alle und alles wunderbar ans Ziel.

Dieser unvergleichliche Gott kann sich nur selbst übertreffen. Und das tut er. Nimmt es mit einem noch unerbittlicheren Unterdrücker auf, wagt sich in einen noch aussichtsloseren Kampf. Und befreit seine geliebten Menschen aus der Sklaverei der Schuld und des Todes. Jesus wird zu Beginn des Passahfestes gekreuzigt. Und besiegt am dritten Tag Hölle, Tod und Teufel. Und ein neuer, noch gewaltigerer Exodus beginnt. Ostern ist das Passahfest der Christen.

Am nächsten Ostersonntag singen wir's vielleicht wieder, und wir strahlen wie damals das Volk Israel: »Wir danken dir, Herr Jesu Christ, dass du vom Tod erstanden bist und hast dem Tod zerstört sein' Macht und uns zum Leben wieder'bracht. Halleluja!«

WENN ICH LIEGE, DANN LIEGE ICH

Ein Rabbi, vor vielen Hundert Jahren nach dem Geheimnis eines gelassenen Lebens gefragt, sagte: »Wenn ich liege, dann liege ich, wenn ich stehe, dann stehe ich, wenn ich gehe, dann gehe ich.«

Immer wieder setzt diese schlichte Wahrheit meine Lebensampel auf Gelb. Denn natürlich stehe ich längst, wenn ich noch liege. Und ich gehe längst, wenn ich noch stehe.

Jesus, nach dem Geheimnis eines gelassenen Lebens gefragt, sagte: »Quält euch nicht mit Gedanken an morgen. Euer Vater weiß, was ihr braucht« (nach Matthäus 6,34).

Ich fühle mich ertappt. Denn ich sorge mich unentwegt um morgen und übermorgen.

Bin ich hektisch und unkonzentriert, weil ich Gott zu wenig vertraue?

Ich will das ändern. Will Gelassenheit einüben. Und mit dem Vertrauen anfangen. Will mich an die gute Fürsorge Gottes in der Vergangenheit erinnern und ihm die Sorge um den nächsten Tag überlassen. Will heute leben. Da sein. Einfach da sein. Bei mir selbst. Bei den Menschen, die mich gerade jetzt und nur jetzt brauchen. Bei der Aufgabe, die ich gerade jetzt und nur jetzt zu erledigen habe. Und bei Gott, der gerade jetzt und nur jetzt sagen möchte, wie wertvoll ich bin und wie sehr er mich liebt.

Und ich erlebe, wie nicht nur ich aufatme …

KINDER, KINDER

Wie wird man Kind?

Dumme Frage! Man ist es einfach. Seit der Geburt. Oder seit der Adoption, die beinahe so etwas wie eine Geburt ist. Kind von Hans und Erna Magerquark. Zum Beispiel. Man mag sich freuen oder ärgern – diese Beziehung hält ein Leben lang, ist unauflöslich, lässt sich einfach nicht beenden. Bist du Papa, bleibst du Papa. Bist du Tochter, bleibst du Tochter. Du kannst deine Tochter verleugnen – sie bleibt dein Kind. Du kannst Mama und Papa vergessen – sie bleiben deine Eltern.

Und so soll das auch mit Gott sein? Er der Vater, wir seine Kinder? Genau so. Nein, noch haltbarer, noch unauflöslicher!

Und wie wird man ein Kind Gottes? Durch Geburt. Siehe oben.

Wie bitte?

Diese Frage hat schon in biblischen Zeiten den Bibelgelehrten Nikodemus gequält. Jesus hat ihm daraufhin in einem nächtlichen Gespräch erklärt, dass es so etwas wie eine zweite Geburt gibt. Eine geistliche Geburt. Die erlebst du, wenn du Jesus glaubst, dass er Gott ist, dass er deine Schuld vergibt, dass er dir ewiges Leben schenken will. Die erlebst du, wenn du diesem Jesus dein Leben schenkst. Dann wirst du zum zweiten Mal geboren! Und dann kommt neues frisches Leben in dein altes Leben!

Und du bist Gottes Kind! Punkt. Und du bleibst es! In alle Ewigkeit.

Das ist die Nachricht aller Nachrichten. Nicht nur einfach eine »gute« Nachricht. Es ist die beste! Das Evangelium.

GOTT KANN ALLES. AUSSER MITTELMÄSSIG

Gott kann alles. Nur eins nicht: mittelmäßig. Was er tut, ist gut. Sehr gut sogar. Was er ausrichtet, ist richtig. Völlig richtig sogar.

Das beginnt bei der Schöpfung. »Und Gott sah an alles, was er gemacht hatte, und siehe, es war sehr gut!« (1. Mose 1,31). Kein Pfusch am Bau. Keine Kompromisse aus Kostengründen. Gut! Sehr gut!

Dann der Mensch. Adam. Aus Erde vom Acker. Vom sehr gut geschaffenen Acker. Durch den Atem des Lebens zu einem lebendigen Wesen gemacht. Einmalig und unverwechselbar. Geborgen in Gottes Liebe. Und frei. Gut! Sehr gut!

Und ich. Eine neue Schöpfung. Nicht einfach nur die Fortsetzung einer bewährten, aber inzwischen ein bisschen in die Jahre gekommenen Kollektion. Ich. Mit einmaliger Ausstattung. Gut! Sehr gut!

Und mein Leben. Mein Weg. Anders als alle Wege vor und nach mir. Tägliche Schöpfung Gottes. Aufregend und abenteuerlich. Beschwerlich zuweilen. Schweißtreibend. Tränenvoll. Aber wenn ich zurückschaue, kann ich nur staunen und sagen: Gut! Sehr gut!

Gott kann alles. Außer mittelmäßig. An seiner Hand wagen wir uns in die Welt. Jeden Tag neu. Manchmal ängstlich tastend, manchmal verwegen und tollkühn. Und versuchen unsere Sache gut zu machen. Sehr gut. Damit sie zu ihm passt.

Dabei scheitern wir jeden Tag hundertmal. Aber wir wissen, dass auch seine Liebe nicht mittelmäßig ist. Sein Erbarmen. Seine Kraft, neu anzufangen. Mit uns und mit all dem, was wir nicht zu Ende gebracht haben. Er ist der Schöpfer und der Erlöser. Damit wir das nicht vergessen, darum steht das Kreuz von Jesus mitten in dieser Welt. Mitten in unserem Leben.

Wir sind gut geschaffen und unendlich gut aufgehoben. Auf ewig geliebt. Das ist das Evangelium. Die gute Nachricht. Die sehr gute Nachricht. Die beste, die je ins Land gegangen ist.

DAS BÖSE ÜBERWINDEN, DRAUSSEN
UND DRINNEN

Manche Jahreslosung ist elegant und geschmeidig. Die Losung für das Jahr 2011 war eher sperrig:»Lass dich nicht vom Bösen überwinden, sondern überwinde das Böse mit Gutem« (Römer 12,21).

Paulus schreibt das an die Christen in Rom. Am Ende eines Kapitels, in dem er das Leben der Gemeinde beschreibt. Das Leben, das Gott gefällt. Anklänge an die Bergpredigt finden sich da. »Segnet, die euch verfolgen; segnet und flucht nicht …« Und: »Seid auf Gutes bedacht gegenüber jedermann.«

Das Böse überwinden. Nicht nur draußen, sondern auch drinnen. Nicht nur in der Welt, sondern auch in der Gemeinde. Denn das Böse ist überall. Um uns herum. In uns. Selbstherrlichkeit und Selbstgerechtigkeit. Eitelkeit und Empfindlichkeit. Gier und Geiz. Und wie überwindet man das? Wie wird man zu einem, der anderen Gutes zudenkt?

Ein paar Gedanken, die ich für eine Karte von gott.net aufgeschrieben habe:

Das Böse
kannst du nicht besiegen.
Das Böse ist
der Böse.
Der Meister der Nacht.

Nur das Gute
kann das Böse besiegen.
Das Gute ist
der Gute.
Der Meister des Lichts.

Verbünde dich
mit ihm,
dem guten gütigen Gott.

Und alles wird gut.
Für dich.
Und für die Welt.

Sich mit Gott verbünden. Die Liebe seines Sohnes Jesus einziehen lassen. Seinem guten Geist Tür und Tor öffnen. Und sehen, wie Gutes wächst. In mir. In der Gemeinde. In der Welt.

OHNMÄCHTIGE SCHAUER KÖRNIGEN EISES

Es ist das vielleicht dunkelste Fest der Christenheit. Oder das hellste? Im englischen Sprachraum jedenfalls heißt der Karfreitag »Good Friday«, guter Freitag. Ja, dieser Tag ist gut. Tut gut. Macht gut. Denn ohne diesen Tag säßen wir noch immer in den Verstrickungen unserer Schuld.

Und dann Ostern. »Vom Eise befreit« sind nicht nur »Strom und Bäche durch des Frühlings holden belebenden Blick«, wie das Johann Wolfgang von Goethe so trefflich beschrieben hat. Nein, auch die Seele ist befreit. Das Hirn. Das Leben insgesamt. Goethe hat das nicht wirklich gewusst. Trotzdem will ich die ersten Zeilen aus seinem »Osterspaziergang« einfach mal ganz kühn allegorisch deuten.

»… im Tale grünet Hoffnungsglück;
der alte Winter, in seiner Schwäche,
zog sich in raue Berge zurück.
Von dort her sendet er, fliehend, nur
ohnmächtige Schauer körnigen Eises …«

Der Tod hat verloren. Auf ewig verloren. Jesus lebt. Und weil er lebt, werden alle, die sich an ihn halten, auch leben. Ewig leben. Ostern vertreibt den unerbittlichsten Feind allen menschlichen Lebens auf ewig »in raue Berge«. Klar, noch sendet er »ohnmächtige Schauer körnigen Eises«. Denn noch wird gestorben, so lange wir auf dieser alten Erde leben. Aber er tut das »fliehend nur«. Er ist auf der Flucht.

Seit Ostern ist alles anders. Alles. Seit Ostern gibt es Hoffnung. Immer.

»DU DARFST GOTT ERZÄHLEN, WIE GROSS DEINE PROBLEME SIND.
--
ABER DANN MUSST DU DEINEN PROBLEMEN ERZÄHLEN, WIE GROSS GOTT IST«

|mmer gab es Feinde. Immer gab es Krieg. Und oft war das Volk der Israeliten in der Unterzahl. Ihre Heere waren kleiner und schlechter ausgerüstet als die Heere der Gegner. Einmal hatten es die Israeliten sogar mit einer großen Koalition zu tun aus Moabitern und Ammonitern und Meunitern. Da konnten die Israeliten einpacken. Doch was tat der König? Er rief das Volk in den Vorhof des Tempels und sprach für sie und mit ihnen ein großes Bittgebet. Es gipfelte in dem Satz:

»Wir wissen nicht, was wir tun sollen, sondern unsere Augen sehen nach dir« (2. Chronik 20,12).

Und das Wunder geschah. Der Krieg wurde gewonnen. Von einem Heer, das so viel Zuversicht ausstrahlte, dass schon allein dadurch die Feinde in Panik gerieten.

Wie oft spreche ich ein ähnliches Gebet. Denn immer wieder gerate ich in ausweglose Situationen. Stehe vor Fragen, auf die ich keine Antwort weiß. Vor Problemen, die ich nicht lösen kann. Ich allein. Wir als christliche Gemeinde. Wir als ERF-Mitarbeiterinnen und -Mitarbeiter. Wir als Gemeinschaft aller Menschen auf dieser Erde.

Wir wollen dieses Gebet immer wieder beten. Allein und gemeinsam. Wir wollen unseren Augen befehlen, nicht länger auf die Probleme zu starren, sondern sich auf Gott zu richten. Den großen und gnädigen Gott. Auf den Schöpfer und den Erlöser.

Oft denke ich an diese afrikanische Weisheit: »Du darfst Gott erzählen, wie groß deine Probleme sind. Aber dann musst du deinen Problemen erzählen, wie groß Gott ist.«

Die Israeliten damals zogen am Ende mit Psalter, Harfen und

Trompeten in Jerusalem ein. Wir werden am Ende in Gottes Himmel einziehen, weil er spätestens am Ende alles gut macht. Weil er spätestens am Ende alles zu Recht bringt. Doch schon heute hält er unsere Hand und geht mit uns seinen guten Weg. Das macht Mut. Das gibt Kraft. Das vermittelt Zuversicht.

WEIHNACHTEN –
DAS FEST DER ERINNERUNGEN

Merkwürdig, die immer dunkler und trüber werdende Jahreszeit. Die Luft vom morbiden Duft der Vergänglichkeit durchzogen. Todesahnungen. Und Sehnsucht nach Licht. Nach Wärme. Nach der heilen Welt der Kindheit.

Die letzten Monate des Jahres sind die hohe Zeit der sehnsüchtigen Erinnerungen. »Der Herbst erinnert mich immer an die Zeit, als ich ein kleiner Junge war«, schreibt der britische Autor J.B. Priestley einmal.

Solche Erinnerungen tun gut. Aber manchmal tun sie auch weh. Denn die Tür zur Kindheit bleibt auf ewig verschlossen. Es gibt keine Rückwege in die Vergangenheit – so verzweifelt wir sie zuweilen auch suchen.

Für viele ist auch Weihnachten, das Fest in der Mitte der dunklen Jahreszeit, vor allem das: ein Fest der Erinnerungen. An früher. An die Kindheit. An die Eltern. Die Großeltern. An ihn. An sie. An alle, die heute so schmerzhaft fehlen. Und mancher verdrückt am Heiligen Abend ein paar Tränen, weil die Erinnerung so wehtut. Nichts ist mehr, wie es war. Weil nichts bleibt, wie es ist.

Doch Weihnachten ist mehr. Denn es feiert nicht nur die Vergangenheit. Es feiert die Gegenwart. Und es eröffnet die Zukunft. Weihnachten ist Christ-Fest! »Euch ist *heute* der Heiland geboren!«, singen die Engel. Heute! Nicht nur gestern. Nicht nur vor Tausenden von Jahren. Heute ist Jesus geboren. Wird er immer neu geboren in die Nächte der Welt. In unsere schmerzhaften Erinnerungen. In unsere wunden Gedanken und Gefühle.

Die Erinnerung an Weihnachten ist eine Vergegenwärtigung im besten Sinne des Wortes. »Jesus Christus gestern und heute und derselbe auch in Ewigkeit!«, jubelt der Hebräerbrief (13,8). Jesus Christus. Und mit ihm das Licht. Die Wärme. Die Liebe. Die Hoffnung. Der Himmel.

Heute schenkt uns Gott seinen Sohn! Heute lässt er uns nicht allein! Heute knipst er in unseren dunklen Seelen das Licht an! Und heute schickt er uns als kleine Lichtanknipser in die Nachbarschaft und in die Welt. Wir müssen uns nicht länger zurücksehnen. Wir dürfen zuversichtlich und getrost nach vorne leben. Weil Jesus heute bei uns ist. Und auf ewig bei uns bleibt.

KAINS KINDER

Es ist passiert. Kaum dass sich die Tore des Paradieses hinter ihnen geschlossen haben. Der erste Mord. Ein Brudermord. Kain hat Abel erschlagen. Und muss nun auch noch den fruchtbaren Acker verlassen, auf dem er sich jenseits von Eden niedergelassen hat. Fortan siedelt er im Lande Nod, was übersetzt heißt: im Land der Ruhelosigkeit.

Wie wir. Kains Kinder. Wir wohnen im Land der Ruhelosigkeit, der Rastlosigkeit, der Ungerechtigkeit. Und stehen trotzdem wie er unter Gottes besonderem Schutz. Sind vertrieben, aber nicht vergessen. Gott hatte Kain angeklagt: »Das Blut deines Bruders schreit zu mir von der Erde!« (1. Mose 4,10). Aber dann hatte er ihm das Kainsmal auf die Stirn gemalt. Als Schutzzeichen.

Jeder Mensch bleibt Gottes geliebtes Geschöpf und steht unter seinem besonderen Schutz. Bis heute schreit das Blut aller Opfer zu ihm. Das Blut jedes Ermordeten, jedes Kriegsopfers, jedes Opfers einer Hungerkatastrophe, jedes misshandelten oder missbrauchten, jedes abgetriebenen Menschen. Die Kinder Kains stehen unter Gottes Schutz. Wer sich an ihnen vergreift, vergreift sich an ihrem Schöpfer. Wer sich an einem Menschen versündigt, versündigt sich an Gott. Das hat damals gegolten. Das gilt heute.

Aber wir sind nicht nur Kinder Kains. Zum Glück! Das Blut des leidenden und sterbenden Jesus sühnt das Blut, das Menschen vergießen. Sühnt ihre Gottlosigkeit und ihre fehlende Menschlichkeit. Und macht aus Kains Kindern Kinder Gottes. Mitten im Reich Kains hat leise und unsichtbar sein Reich zu wachsen begonnen. Mitten im Land der Ruhelosigkeit gibt es das Land der Ruhe. Mitten im Land der Ungerechtigkeit das Land der Gerechtigkeit. Mitten im Reich der Lieblosigkeit das Land der Liebe. Eines Tages wird dieses Reich das Reich Kains ablösen. Endgültig. Und es wird keine Mörder und keine Ermordeten mehr geben, keine Misshandler und keine Misshandelten.

Doch schon heute ist es unsichtbar gegenwärtig. Schon heute leben Christen nach den Regeln und Maßstäben dieses neuen Reiches. Schon heute tragen sie Gottes Licht und seine Liebe in die Welt Kains. Und ebnen den Weg in das Reich des Jesus Christus.

DER GOTT DER ANFÄNGE

Unser Gott ist ein Gott der Anfänge. Immer wieder fängt er an. Mit der Welt, mit den Menschen, mit mir. Er legt die belastete Vergangenheit nicht einfach zu den Akten, sondern versenkt sie im Meer. Sie ist auf ewig weg. Vergeben. Steht nie mehr zwischen ihm und uns. Gott fängt an. Deswegen können auch wir immer wieder anfangen. Mit uns selbst, mit unseren Mitmenschen, mit Gott. Neu anfangen, ohne auf die Akten der Vergangenheit zurückgreifen zu müssen.

Jedes neue Jahr ist eine Chance. Jeder Tag. Jede Minute. Ich fange neu an. Wir fangen neu an. Weil Gott neu anfängt. Ich gebe alles zurück. Die Tränen, die Konflikte, die Erfolge. Alle Worte, die ich besser nicht gesagt, alle Gedanken, die ich besser nie gedacht hätte. Alle gottlosen Überlegungen, alles gottvergessene Leben. Ich bin schuldig geworden. Ich bin Gott und den Menschen vieles schuldig geblieben.

Aber Gott fängt neu an. Er entsorgt meine Schuld am Kreuz seines Sohnes. Und ich kann aufrecht und zuversichtlich ins neue Jahr, in den neuen Tag gehen. An seiner Hand.

Unser Gott ist ein Gott der Anfänge. Und wir können Menschen der Anfänge sein. Wie er uns vergibt, sollen wir anderen vergeben. Seine Barmherzigkeit will unsere Hartherzigkeit aufweichen. Sein Herz unser Herz warm und lebendig machen.

KENNZEICHEN STALLGERUCH

Sie trafen sich im Stall. Weil ein Kind geboren war. Was hier nun wirklich nicht alle Tage passierte. Ein höchstirdischer Platz war zum himmlischen Kreißsaal geworden. Und lockte einfältige Hirten und weltweise Sterndeuter unter sein windschiefes Dach. Mit leeren Herzen kamen die einen, mit vollen Händen die anderen. Dann knieten sie zusammen vor einem Säugling. Und waren Gott nah wie nie. Und einander. »Euch ist heute der Heiland geboren!« Nie wieder würden sie diese Schlagzeile, die Engel an den Himmel geschrieben hatten, vergessen. Und die Menschen, die links und rechts von ihnen gestaunt und gebetet hatten, ebenso wenig. So wurde der Stall von Bethlehem auch das erste kleine Gemeindehaus, in dem die erste kleine christliche Gemeinde geboren wurde.

Gnadenbringende Weihnachtszeit ...

So ein Stall hat ja einen ganz besonderen Charme. Ein Pfarrer, der neben seiner kleinen Dorfgemeinde einen Reiterhof für Jugendliche bewirtschaftete, schwärmte einmal von den unaufgeregten Begegnungen und Gesprächen in seinem Pferdestall. »Da kommen die Leute einfach so. Können mit ihrem Pfarrer reden und müssen sich nicht extra fein machen, weil sie ins Pfarrhaus wollen. Sie sollten es nicht einmal.« Im Stall sind alle gleich.

Die christliche Gemeinde ist eine Gemeinde im Stall, wenn sie denn die Gemeinde von Jesus sein will. Reiche und Arme, Schlichte und Schlaue, Realisten und Romantiker, Suchende und Gefundene knien vor dem Kind in der Krippe. Zusammen kommen sie zu ihm. Und bei ihm kommen sie zusammen.

Und das nicht nur zur Weihnachtszeit ...

Die Gemeinschaft der Gläubigen ist eine Gemeinschaft im Stall. Ihr Kennzeichen ist der Stallgeruch. Wer hier zusammengerufen wurde, lässt sich weder durch eine unterschiedliche nationale Herkunft noch durch unterschiedliche parteipolitische Präferenzen oder theologische Detailerkenntnisse auseinanderdividieren. Wer darüber gestaunt hat, dass der Herr aller Herren aller Diener geworden ist, kann sich nicht mehr so leicht über die Schwester, über den Bruder erheben. Wer drinnen gemeinsam Halleluja gesungen hat, kann sich draußen nicht wieder unbarmherzig die Leviten lesen.

Christen gehören zusammen, weil ihr Herz dem Kind von Bethlehem gehört.

Wir sehen uns im Stall!

VON HANNA UND SIMEON LERNEN

Es war eine ganz und gar ungewöhnliche Geburt an einem ganz und gar ungewöhnlichen Ort. Doch dann hatten die Eltern mit ihrem Sohn den gewohnten und gewöhnlichen Weg zu gehen, der Juden seit vielen Generationen vorgeschrieben war. Zunächst am 8. Tag die Beschneidung und dann, ein paar Wochen später, die Darstellung im Tempel oder die »Auslösung«. Denn nach dem jüdischen Lebensbuch, der »Thora«, gehörte alle männliche Erstgeburt dem Herrn. Anstelle des Kindes wurden hier ein paar Tauben geopfert.

Aber dann geht die Geschichte wieder ganz und gar ungewöhnlich weiter. Denn im Tempel gibt es zwei besondere Menschen. Den alten Simeon, dem Gott versprochen hatte, dass er nicht sterben würde, ohne vorher den Messias gesehen zu haben. Und die alte Hanna, eine Witwe, die Tag und Nacht im Tempel betete. Beide wissen sofort, mit wem sie es zu tun haben. Und Simeon bricht spontan in einen grandiosen Jubelgesang aus: »Herr, nun lässt du deinen Diener in Frieden fahren, wie du gesagt hast; denn meine Augen haben deinen Heiland gesehen!« (Lukas 2,29).

Zwei alt gewordene Menschen, die stellvertretend für das alt gewordene Volk Israel stehen. Ein ganzes langes Leben lang hatten sie gehofft und gewartet. Viele ganze lange Leben lang hatte Israel gehofft und gewartet. Warten, warten, warten …

Ich stelle mir vor, dass ich Simeon und Hanna für ein paar Minuten beiseitenehme und sie frage: »Wie habt ihr das aushalten können? Und könnt ihr mir verraten, wie ich es aushalten kann, wenn ich darauf warte, dass Gott seine Zusagen für mein Leben erfüllt?«

Und ich sehe, wie sie mir freundlich zulächeln, und höre sie sagen: »Warte nicht nur. Erwarte! Erwarte Gutes und Großes von Gott! Dann kannst du dich jetzt schon darauf freuen! Seine Uhren gehen anders als unsere. Klar. Aber immer hat er Gutes im Sinn. Und das schickt er zur richtigen Zeit. Zu seiner Zeit. Und wenn es lange dauert, kannst du sicher sein, dass er sich etwas ganz Besonderes für dich ausdenkt!«

WENN GOTT SCHWEIGT

Diese Szene aus dem Film »Franziskus« mit Mickey Rourke in der Hauptrolle werde ich so schnell nicht vergessen: Da schleppt sich der verzweifelte Franz von Assisi durch die umbrischen Wälder und schreit zum Himmel: »Sprich wieder mit mir, Gott!« Aber Gott schweigt. Schweigt lange.

Und redet schließlich doch.

Der schweigende Gott ist die vielleicht mächtigste Herausforderung, die vielleicht tiefste Anfechtung für einen gläubigen Menschen. Denn so kennt er seinen Herrn eigentlich nicht. So geht er ja auch eigentlich nicht mit ihm um. Immer wieder hat er es von anderen gehört und auch selbst erfahren: Gott redet. Und er redet keine leeren Worte. Wenn Gott redet, passiert etwas. Schon bei der Schöpfung. »Und Gott sprach: Es werde Licht. Und es ward Licht!« Später bei Mose, Abraham und den Propheten. »Und Gott sprach zu Abram: In dir sollen gesegnet werden alle Geschlechter auf Erden.« Und schließlich bekommt sein Wort buchstäblich Hand und Fuß, wird ein Mensch: Jesus Christus. »Und das Wort ward Fleisch und wohnte unter uns ...«

Vielleicht schweigt Gott ja gar nicht. Vielleicht ist sein Wort längst unterwegs in dieser Welt und in meinem Leben. Vielleicht ist es nur noch nicht bei mir angekommen. Vielleicht verstopft Schuld meine Ohren. Vielleicht auch habe ich bisher nur noch nicht richtig hingehört. Weil die Worte um mich herum und in mir viel zu viel Radau machen. Denn laut redet Gott eigentlich nicht. Das hat bereits der alte Prophet Elia in seiner Höhle am Berg Horeb erfahren. Gott spricht nicht im Wind, nicht im Erdbeben, nicht im Feuer. Er spricht in einem »leisen, sanften Sausen«.

Gott hat geredet. Und er hat nicht aufgehört zu reden. Wir haben ein ganzes dickes Buch, das vollgepackt ist mit seinen Worten, seinen Gedanken über das Leben und die Welt. Mit seinem Schmerz über die Gottvergessenheit der Menschen. Aber vor allem mit seiner Liebe und Barmherzigkeit. Vollgepackt mit Christus. Hier finde ich Gott und ich finde mich.

NAME: JESUS.
EINE SELBSTBESCHREIBUNG

Jesus über Jesus:

Ich bin das Brot des Lebens.

In Bethlehem bin ich geboren. In Beth-Lechem, dem »Haus des Brotes«, wie das auf Deutsch heißt.

Weil es hier viele Getreidefelder gab. Und Bäckereien, in denen die Nomaden aus der nahen Wüste ihr tägliches Brot gekauft haben.

Ich, der Mann aus dem Haus des Brotes, bin das Brot des Lebens.

Aber ich bin mehr als das tägliche Brot.

Ich bin das ewige Brot.

Ich stille euren Hunger nach Leben, nach Liebe, nach Würde, nach Sinn.

Ich stille euren Hunger nach dem Himmel, nach der Ewigkeit, nach Gott.

Ich mache euch satt.

Nehmt mich zu euch, immer wieder. Beim Abendmahl.

Nehmt mich in euch auf. Bei jeder noch so kleinen Begegnung mit meinem Wort.

Ich bin das Brot des Lebens.

Ich bin das Leben.

Ich bin

Gott.

Jesus über Jesus:

Ich bin das Licht der Welt.

Ohne Licht gibt es kein Leben. Alles verkümmert. Alles verwelkt. Alles vergeht.

Ich scheine in die Welt mit der Liebe des Vaters.

Ich scheine in die finstersten Winkel der Erde.

In Gefängniszellen und Folterkammern, in Flüchtlingscamps und Vernichtungslager.

Ich scheine, auch wenn Menschen die Fensterläden noch so fest verschließen.

Ich scheine in die finstersten Winkel eurer Seele.

In eure Ängste und Sorgen und Sünden.

Ich scheine, auch wenn ihr euch in noch so dunkle Winkel verkriecht.

Macht die Fenster der Welt weit auf. Und die Fenster eurer Seele.

Damit es hell wird. Und lebendig. Und hoffnungsvoll.

Damit die Welt aufblüht. Und euer Leben.

Ich bin das Licht der Welt.

Ich bin das Licht.

Ich bin

Gott.

Jesus über Jesus:

Ich bin die Tür.

Ständig stoßt ihr an Grenzen.

Könnt nicht weiter. Wisst nicht weiter. Kommt nicht weiter.

Seht keinen Weg, keinen Aus-Weg.

Findet keine Lösung, keine Er-lösung.

Kommt nicht zueinander. Kommt nicht zu euch selbst. Kommt nicht zu Gott.

Ich bin die Tür.

Durch mich findet ihr zu den Menschen, mit denen ihr euch nicht versteht.

Durch mich findet ihr zu euch selbst. Findet ein Ja zu euren Gaben und Grenzen.

Durch mich findet ihr zum Vater. Zum himmlischen Festsaal.

Ihr müsst nicht überall suchen. Kommt zu mir.

Seht alles durch mich hindurch.

Stellt mein Kreuz vor die andern. Stellt es vor euch selbst. Stellt es vor Gott.

Mein Kreuz und mein leeres Grab.

Und geht durch mich hindurch.

Ins Leben. In die Liebe. In die Vergebung. In die Versöhnung.

Ich bin die Tür.

Ich bin

Gott.

Jesus über Jesus:

Ich bin der gute Hirte.

Schlechte Hirten habt ihr genug. Und habt genug von ihnen.

Schlechte Hirten hüten nur sich selbst. Sind nur auf den eigenen Vorteil bedacht.

Machen sich aus dem Staub, wenn's brenzlig wird für Hirte und Herde.

Schlechte Hirten benutzen euch. Nutzen euch aus.

Und mustern euch kaltschnäuzig aus, wenn ihr ihnen nichts mehr nutzt.

Ich bin der gute Hirte.

Ich kenne eure Namen. Ich liebe euch. Ich leite euch.

Ich passe auf euch auf. Ich bringe euch ans Ziel.

Ihr seid mir wichtiger als mein eigenes Leben. Ich gebe mein Leben, damit ihr leben könnt.

Über-leben. Ewig leben.

Kommt in meine Herde. Kommt in Rufweite. Hört auf meine Stimme. Lasst euch von mir führen.

Ich bin der gute Hirte.

Ich bin der Hirte.

Ich bin

Gott.

Jesus über Jesus:

Ich bin die Auferstehung und das Leben.

Mehr kann einer nicht sein.

Ich bin die Auferstehung. Ich bin Gottes Protest gegen den Tod.

Ich bin sein Mittel gegen die Angst vor der endgültigen Vernichtung.

Ich vernichte alles, was euch vernichten möchte.

Ich zerstöre, was euch bedroht.

Ich bin der Mann des leeren Grabes. Der Oster-Mann. Der Mann des Lebens.

Kein Tod kann mich mehr töten.

An meiner Hand gehört ihr dem Leben.

Dem ewigen Leben in ewiger Gemeinschaft mit dem ewigen Gott.

Ich bin die Auferstehung und das Leben.

Ich bin das Leben.

Ich bin

Gott.

Jesus über Jesus:

Ich bin der Weg und die Wahrheit und das Leben.

Ich bin der Weg. Der Weg zur Vollkommenheit. Der Weg zur Vollendung. Der Weg zu Gott.

Ich bin der Weg zum Himmel.

Ich bin die Wahrheit.

Die Wahrheit über die Geschichte. Die Weltgeschichte und eure Lebensgeschichte.

Ich bin die Wahrheit über den Menschen. Über die Welt. Und die Wahrheit über Gott.

Ich bin die Wahrheit über den Anfang. Da war ich dabei.

Ich bin die Wahrheit über das Ende. Da werde ich auch dabei sein.

Ich bin die Wahrheit, die euch frei macht.

Für das Leben.

Ich bin der Weg.

Und die Wahrheit.

Und das Leben.

Ich bin

Gott.

Jesus über Jesus:

Ich bin der wahre Weinstock.

Ich bringe die Welt zum Blühen. Zum Grünen. Ich bringe Frucht.

Alles, was die Welt tun muss, ist, an mir bleiben, sich an mich klammern.

Alles, was du tun musst, ist, an mir bleiben, dich an mich klammern.

Ich bin der wahre Weinstock. Ich gebe Lebenssaft und Glaubenskraft.

Ich pumpe Hoffnung in eure hoffnungslosen Herzen.

Liebe in eure lieblosen Worte.

Himmlische Leichtigkeit in eure erdenschweren Gedanken.

Haltet euch an mir fest. Weil ich euch festhalte.

Lasst mich nicht los. Weil ich euch nicht loslasse.

Gebt mir eure Herzen und eure Hände.

Gemeinsam verändern wir die Welt.

Ich bin der wahre Weinstock.

Ich bin der Weinstock.

Ich bin

Gott.

DIE HIMMLISCHE GEGENWELT

Weltgeschichte ist Gottesgeschichte. Und deshalb Heilsgeschichte. Abraham, Mose, David – geheimnisvoll fügt sich eins ins andere. Und bringt am Ende Jesus hervor, den Davidssohn, Menschensohn, Gottessohn. Zielpunkt und Höhepunkt der Geschichte Gottes mit den Menschen. Seitdem wächst das Himmelreich unsichtbar und von vielen unbemerkt mitten im Menschenreich. Das Reich, in dem Gott regiert. In dem seine Gesetze gelten. Und damit Liebe, Frieden, Gerechtigkeit und Barmherzigkeit.

Und Blinde sehen, Lahme gehen, Gefangene werden befreit und Arme hören das Evangelium. Eine himmlische Gegenwelt, die schon jetzt und hier erkennbar wird. Überall da nämlich, wo Menschen im Namen von Jesus glauben, hoffen und lieben. Wo sie ein Wort des Trostes sagen, einen Becher Wasser reichen, ein Stück Brot teilen. Wo sie die Türen ihres Herzens und ihrer Wohnung aufsperren und Menschen hereinlassen.

Da sind sie dann wie er:

Menschen, die Liebe ausstrahlen.
Hell wie ein Leuchtturm am Strand.
Menschen wie Himmelsfilialen.
Menschen mit Herz und Verstand.

Menschen wie offene Türen.
Menschen, bei denen es taut.
Die dicht ans Feuer dich führen.
Menschen, auf die man vertraut.

WACHEN UND BETEN

Wachen und beten. Mehr wollte Jesus nicht von seinen Jüngern. Schlimmes stand bevor. Ihm. Und ihnen. Eine spektakuläre Verhaftung. Ein verlogener Schauprozess. Und eine grausame Hinrichtung. Und sie – fielen immer wieder in einen seligen Schlummer. Der Wein, den sie beim Sedermahl, mit dem das Pessachfest eröffnet wird, getrunken hatten, zeigte Wirkung. Oder war's die nackte Angst? Auch Angst kann müde machen.

Wachen und beten. Mehr will Jesus nicht von uns. Wachen. Achtsam sein. Die Wirklichkeit im Blick haben. Die irdische und die himmlische. Und beten. Eine Standleitung zu Gott haben. Ihn um Rat und Schutz bitten. Um Lebenskraft und Glaubensmut. Um Durchblick. Um Standhaftigkeit.

Das alles haben wir nötig, wenn uns der Glaube nicht abhandenkommen soll. Denn der wird angefochten. Bekämpft. Bestritten. Von Menschen und von Gottes gewieftem Gegner, dem Satan. Solche Anfechtungen gehören zum Glauben. Luther hat sogar einmal gesagt: »Wer nicht angefochten wird, der ist kein Christ.« Klar, denn wo nichts ist, kann nichts bekämpft werden.

Wachen und beten. Jeden Tag. Dann können wir, wiederum mit Luther, singen: »Ein feste Burg ist unser Gott!«

DER ABTRITT DES ALTEN WANDERERS

Es ist die große Abschiedsrede des Mose. Aufgezeichnet im Buch Deuteronomium, dem 5. Buch Mose. Noch einmal lässt er an seinem Volk die zahllosen Stationen ihrer schier endlosen Wüstenwanderung vorbeiziehen. Nun stehen sie vor den Toren des Gelobten Landes. Mose darf einen Blick hineinwerfen. Aber seinen Fuß nicht hineinsetzen. Im Neuland übernimmt ein neuer Beauftragter Gottes die Führung: Josua.

Mose hat mit Gott gerungen. Aber Gott ist bei seinem Entschluss geblieben. Er hat Mose sogar ein ziemlich schroffes »Basta« gesagt. Bei Luther heißt das so: »Lass es genug sein! Rede mir davon nicht mehr!« Die Gute Nachricht Bibel übersetzt: »Genug, kein Wort mehr davon« (5. Mose 3,26).

Es war eine schier unendliche Geschichte gewesen. Immer wieder hatte das Volk Israel sich dem Willen Gottes widersetzt. Immer wieder waren sie eigene Wege gegangen. Und einmal hatte sich Mose auf sie eingelassen, hatte ihnen nachgegeben und damit den Zorn Gottes heraufbeschworen. Dieses eine Mal war einmal zu viel.

In seiner großen Abschiedsrede vor dem Volk erinnert Mose an diese Situation und daran, wie er mit Gott gerungen hat. Er erinnert sich an jedes Wort seines Gebets: »Herr, du hast angefangen, deinem Knecht zu offenbaren deine Herrlichkeit und deine starke Hand.«

So hat er das Gebet seinerzeit begonnen. Auf die Bitte des Mose, nun das gute Land jenseits des Jordans selbst in Augenschein zu nehmen, hatte Gott mit einem unmissverständlichen »Basta« reagiert. Aber diese Strafe ist wohl auch eine Befreiung, auch wenn Mose das in diesem Moment noch so gar nicht sehen kann. Niemand kann, nein, niemand muss immer an der Spitze stehen.

Niemand kann, niemand muss so etwas wie der Dauerproblemlöser für andere sein. Gott sagt zu Mose: »Deine Zeit ist nun vorbei. Du kannst nicht mehr und du musst nicht mehr.«

Im Musical »Hoffnungsland« lasse ich Mose in dieser Situation singen:

Warum? Wir sind so kurz vor dem Ziel.
Ich habe so lang gekämpft, für diesen Tag gekämpft.
Warum? Wir sind so kurz vor dem Ziel.
Warum ist meine Zeit schon vorbei?
Es verging wie im Flug. 40 Jahre im Flug.
Warum ist meine Zeit schon vorbei?

Ich weiß, ja nun führt ein anderer.
Vergib deinem alten Wanderer.

Die Fragen bleiben. Aber doch wächst langsam die Einsicht, dass es wohl gut so ist, dass es richtig so ist. Und vielleicht beginnt Mose zu ahnen, dass dieses Ende für ihn der größte Anfang ist, den er jemals erlebt hat. Gott, der angefangen hat, ihm seine Herrlichkeit zu offenbaren, dem wird er bald von Angesicht zu Angesicht gegenüberstehen. Dann hat er nicht nur einen zarten Hauch von Herrlichkeit, nicht nur eine blasse Ahnung von Gottes starker Hand. Dann erlebt er sie ganz und gar, ohne jede Einschränkung.

Aufhören ist schwer. Abschiednehmen ist schwer. Doch nur wer aufhört, kann etwas Neues anfangen. Nur wer Abschied nimmt, ist bereit für neue Begegnungen, für neue Entdeckungen.

Und so geht Mose allein auf den Berg, den Gott ihm gezeigt hat. Der alte Wanderer tritt zu seiner letzten Wanderung an. Ein trauriges Bild? Nein, ein ganz und gar hoffnungsfrohes Bild. Da geht einer einer der eindrucksvollsten Begegnungen entgegen, die einem Menschen jemals geschenkt wird. Und wir alle, du und ich, können mitgehen.

GÖTTLICHER SINNESWANDEL

Kann das sein? Ändert Gott seinen Sinn, seine Gesinnung? Besinnt er sich neu? Ändert er seine Meinung?

Dieses Wort legt das nahe. Es steht im Buch des Propheten Hosea in Kapitel 11. Es sind die Verse 8 und 9: »Mein Herz ist andern Sinnes, alle meine Barmherzigkeit ist entbrannt. Ich will nicht tun nach meinem grimmigen Zorn. Denn ich bin Gott und nicht ein Mensch und bin der Heilige unter dir.«

Hosea war Prophet im Norden des Landes. In Israel also. Er hat dort zwischen 750 und ca. 725 vor Christus gewirkt. Kurz nach Amos. Und er hat Gottes Gericht gepredigt. Das Volk ist Gott untreu geworden. Es hat andere Götter angebetet. Sich mit anderen Mächten verbündet. Israel ist für Gott wie ein ungehorsamer Sohn, der – wenn man das geltende Gesetz ernst nahm – getötet werden muss, gesteinigt werden muss. Gott müsste sein eigenes Volk töten. Er müsste es steinigen. Er müsste es dem Untergang preisgeben.

Das Buch Hosea ist voll von Gerichtsandrohungen. Und mittendrin dieser Satz: Ich, Gott, müsste dich vernichten. Du hättest es verdient. Aber ich kann nicht. Ich habe mich anders besonnen. Meine Liebe ist größer als mein Zorn.

Mir stockt der Atem bei solchen Sätzen. Denn was für Israel damals galt, gilt ja noch viel mehr für unsere Welt heute, die längst andere Götter anbetet, die sich mit anderen Mächten verbündet hat. Und es gilt wohl auch immer wieder für mein eigenes Leben. Wie oft hänge ich mein Herz an andere Götter? Wie oft verlasse ich mich lieber auf meine eigene Findigkeit, auf meine eigene Schläue als auf Gott? Über dieser Welt und über meinem Leben steht das uneingeschränkte Nein Gottes.

Und dann sagt Gott plötzlich Ja. Wir heute wissen, dass dieses Ja eine menschliche Gestalt hat, ein menschliches Gesicht, einen menschlichen Namen: Jesus von Nazareth. Gott kommt und lässt das Gericht, das wir verdient haben, über sich selbst ergehen. Das ist ein schier undenkbarer Gedanke. Und ich will mich nie, nie, nie an diesen Gedanken gewöhnen.

Aber wie ist das denn nun? Hat Gott seine Meinung geändert? Erst will er vernichten. Dann ist er barmherzig. Erst ist er zornig. Dann die Liebe in Person.

Es ist schwer, Gottes Gedanken nachzudenken. Gott ist kein Mensch. Und doch ist er eine Person, eine Persönlichkeit, ein lebendiges Wesen. Gott ist kein Rechenzentrum, kein Quantencomputer. Gott hat ein Herz. Gott zeigt Gefühl. Die ganze Bibel ist voll davon. Zum Glück. Zu unserem Glück. Zu meinem Glück.

Und so sehe ich immer wieder Gottes Nein und Gottes Ja über dieser Welt und über meinem Leben. Sein Nein zu allem, was vor ihm nicht bestehen kann. Sein Nein zu allem, was Menschen quält und knechtet. Sein Nein zu aller Gottvergessenheit. Und gleichzeitig sehe ich sein Ja. Sein unbedingtes, uneingeschränktes und unabänderliches Ja. Das Kreuz, an dem Jesus gestorben ist, ist der Beleg dafür.

Ja, Gott ändert vielleicht zuweilen seine Meinung. Das ist gut so, sonst müssten wir ja auch gar nicht beten. Ja, Gottes Herz ist immer wieder stärker als sein Zorn. Das ist gut so, sonst hätten wir alle miteinander keine Chance. Ja, Gott lässt sich immer wieder auf uns ein, auf diese Welt, die sich verändert, auf die Menschen, die andere Fragen, Ängste und Sehnsüchte haben. Gott lässt sich auf uns ein. Er lässt sich auf mich ein. Das ist gut. Das tut gut. Mit diesem Gott will ich leben. Mit diesem Gott will ich unterwegs bleiben in dieser Welt.

EINFACH
LESENS
WERTH

---

6 ERLEBT UND ERLITTEN

ALLTAGSERFAHRUNGEN

FÜNF KILOMETER AM TAG

Etwas unsicher stand er im Verkaufsraum seines Autohändlers. Es musste schon ein paar Jahre her sein, dass er seinen 70. Geburtstag gefeiert hatte. Zögernd zupfte er einen der Verkäufer am Jackett. Ganz unfreiwillig hörte ich zu.

Sein Auto sei jetzt acht Jahre alt, und er überlege, ob er ein neues Digitalradio einbauen lassen solle. Oder – und ich merkte gleich, wie der Verkäufer spitze Ohren bekam – ob er sich gleich ein neues Auto kaufen sollte. Acht Jahre, klar, dann wird es ja auch wirklich Zeit. Doch dann nannte er den Tachostand. Und da konnte ich sein Zögern wieder verstehen: 15 000 Kilometer. Da ist so ein Auto ja gerade erst richtig eingefahren.

15 000 Kilometer legt der Durchschnittsautofahrer im Jahr zurück. Mancher bringt es bequem aufs Doppelte und Dreifache; andere wieder bleiben erheblich darunter. 15 000 Kilometer in acht Jahren, das heißt: nicht mal 2000 Kilometer im Jahr. Heißt rund 5 Kilometer am Tag. Also einmal Brötchen holen. Oder die Zeitung. Oder zum Blumengießen auf den Friedhof.

Wie klein kann ein Lebensradius werden. Auch mit Auto. Wie klein der Kreis der Verwandten und Freunde. Wie klein die Auswahl an Fahrzielen. Da bewegt sich das menschliche Leben irgendwie im Kreis. Mit einem kleinen Radius beginnt es, der wird dann im Laufe der Jahre immer größer. Und irgendwann beginnt er allmählich wieder zu schrumpfen: auf 15 000 Kilometer in acht Jahren oder auf zwölf Quadratmeter in einem Seniorenheim oder auf zwei Quadratmeter Pflegebett.

In der Bibel, jenem uralten und ewig aktuellen Lebensbuch, lese ich:»Des Menschen Leben gleicht dem Gras; er blüht wie eine Blume auf der Wiese: Ein heißer Wind kommt – schon ist sie verschwunden, und wo sie stand, bleibt keine Spur zurück« (nach Psalm 103,15-16). Doch dieses Buch weiß noch mehr. Und das bewahrt vor Resignation. »Wer den Willen Gottes tut, wird bleiben und ewig leben« (nach 1. Johannes 2,17).

MEIN TURMERLEBNIS

Das war eine entscheidende Erfahrung in meinem jungen Christenleben: Ich war 14 oder 15, und in unserem CVJM fand eine Bibelwoche statt. Den Prediger fand ich klasse. Eberhard Kochs vom Volksmissionarischen Amt. Der sah nicht so piefigmiefig aus wie manche, die ich zuvor eher ertragen als genossen hatte. Und er redete auch ganz anders.

Ich habe die Sätze, die er an diesem entscheidenden Abend sprach, beinahe noch Wort für Wort im Ohr: »Wir Christen sind nicht dazu da, unser Leben in einer frommen Nabelschau zu verbringen. Wir müssen nicht immer nur auf uns selbst schauen, unsere Sünden und Schwächen beklagen. Christus hat uns unsere Schuld von den Schultern genommen! Damit wir einen Muskel frei bekommen für andere Menschen!«

Das hat mich damals getroffen wie ein Blitzschlag. Denn diese fromme Nabelschau kannte ich zur Genüge. Und den ständigen Blick auf meine Schuld auch. Der Glaube war für viele von uns vor allem das: sich an Gebote und Gesetze halten und hoffen, dass alles einigermaßen glimpflich abgeht. Angst vor Gott – das war ein entscheidendes Glaubensmotiv.

Und da kam plötzlich einer und sagte: Ihr Christen seid befreit! Auf ewig freigesprochen! Christus ist gestorben und auferstanden, damit ihr euch nicht länger um euch selbst dreht, sondern für andere da sein könnt! Das ist das Evangelium!

Danach hätte ich am liebsten jeden umarmt. Ich hatte mein persönliches Turmerlebnis gehabt. Wie damals der Reformator. Wenn auch ein bisschen bescheidener. Aber wie er wusste ich auf einmal: Ich bin begnadigt! Ohne dass ich etwas dazu tun konnte! Christus hat mich befreit, um für andere da sein zu können!

Heute treffe ich immer wieder »fromme« Menschen, denen solch ein Erlebnis noch bevorsteht. Die dem Gesetz mehr vertrauen als der Gnade. Weil es einfacher zu sein scheint, auf die eigene Leistung zu setzen als auf das bedingungslose Erbarmen Gottes.

Wie gut, wenn wir einmal und immer wieder von Gottes Gnade überfallen werden.

MEIN LIEBLINGSBIBELVERS

... |st immer wieder ein anderer. Manche Verse sind geradezu »Lebensabschnittspartner«. Springen in einer bestimmten Lebensphase keck und unerwartet in mein Leben, begleiten mich eine Weile durch alle Sonnen- und Regentage und machen dann wieder anderen Versen Platz.

Dieser ist es zurzeit: »Er wird deinen Fuß nicht gleiten lassen, und der dich behütet, schläft nicht« (Psalm 121,3). Ein Freund simste ihn mir aufs Handy, als ich in tiefen Selbstzweifeln feststeckte. Ich war vorgeschlagen worden, als Nachfolger von Peter Strauch Vorsitzender der Deutschen Evangelischen Allianz zu werden, und wusste nicht, ob ich mich wählen lassen sollte. Würde ich das schaffen? Würde ich das können? War das nicht mindestens eine Schuhnummer zu groß? Und dann dieser Vers. Per SMS ...

Nach der Wahl grüßte mich Bischof Wolfgang Huber, der Ratsvorsitzende der Evangelischen Kirche in Deutschland, per Brief mit genau diesem Vers. Zufall?

Und ein paar Wochen später, in einer Zeit des erneuten Zweifelns und Verzagens, nicht nur wegen der Allianz, hörte ich ihn auf geradezu merk-würdige Weise per CD. Die Band »Allee der Kosmonauten« hatte einige Sänger- und Liedermacher-Oldies zu einer gemeinsamen Musikproduktion ins ERF-Studio geladen. Manfred Siebald, Siegfried Fietz, Arno Backhaus, Andreas Malessa und andere. Und eben auch mich. Jeder sang ein, zwei Zeilen. Am Schluss sollte Ulrich Parzany einen Psalm über die ausklingende Musik lesen. Ein erster Versuch war bereits aufgenommen. Und ich traute meinen Ohren nicht, als ich plötzlich im Kopfhörer »meinen« Psalm 121 hörte. Vers 3 inklusive. Vorgesehen gewesen war Psalm 23. Aber da war es wieder, klar und deutlich und offenbar nur für mich: »Er wird deinen Fuß nicht gleiten lassen ...«

Als ich später zum ersten Mal die fertige CD hörte, war es wieder Psalm 23 ... Aber ich weiß es nun und ich will es mir merken: Er wird meinen Fuß nicht gleiten lassen ... Was wirklich wichtig ist, muss Gott offensichtlich dreimal sagen. Wenigstens mir ...

REIF FÜR DIE INSEL

Da sitzt du in der Schule und notierst dir den Termin für die Deutschklausur. Dabei wird dir beinahe schwindelig, denn in den nächsten 14 Tagen sind noch weitere Klausuren fällig: Mathe, Englisch, Biologie. Da brütest du über den Büchern in deiner Studentenbude, der Termin des Examens rückt immer näher, und du weißt nur noch, dass du nichts weißt. Da kommst du vom Urlaub zurück ins Büro und wirst geradezu erschlagen von Briefen, E-Mails und Aktennotizen mit dem Vermerk »Dringend«. Da hast du die Kinder glücklich in Kindergarten und Schule abgeliefert, willst noch eben die Fenster putzen, bevor du zu einer Nachbarin musst, um ein unangenehmes und lange aufgeschobenes Gespräch zu führen, als der Zulaufschlauch der Spülmaschine platzt und die Wohnung unter Wasser steht.

Manchmal bist du reif für die Insel! Manchmal ist einfach alles zu viel. Manchmal kannst du nur noch beten – wenn du kannst und wenn du willst.

Dieser Bibelvers ist ein Stoßgebet für Überforderte: »Hilf uns, Herr, unser Gott; denn wir verlassen uns auf dich« (2. Chronik 14,10).

Er stammt aus dem Alten Testament, von einem israelitischen König, von Asa. Der hatte es in einer politischen Krise mit einem Gegner zu tun, dessen Übermacht ihn schier erdrückte. Die Bibel berichtet: »Und Asa rief den Herrn, seinen Gott, an und sprach: Herr, es ist dir nicht schwer, dem Schwachen gegen den Starken zu helfen. Hilf uns, Herr, unser Gott; denn wir verlassen uns auf dich. Du bist unser Gott, gegen dich vermag kein Mensch etwas.«

Asa wurde geholfen. Das ist Geschichte, zugegeben. Das kann aber auch eine höchstaktuelle Erfahrung werden: in der Schule, in der Studentenbude, im Büro, im Haushalt – für alle Fälle: »Hilf uns, Herr, unser Gott; denn wir verlassen uns auf dich.«

»MACH DIR KEINE SORGEN!«

Sorge im Herzen bedrückt den Menschen; aber ein freundliches Wort erfreut ihn. (Sprüche 12,25)

Das ist mein Vers, habe ich gedacht, als ich mir den Bibelvers zum ersten Mal angeschaut habe. Denn ich kenne sie doch ganz gut, die Sorgen, die drücken, die bedrücken und die manchmal sogar erdrücken können. Manchmal denke ich, dass das auch eine Frage der Fantasie ist. Je mehr Fantasie einer hat, desto mehr kann er sich alles Mögliche vorstellen. Desto eher beginnt er, sich Sorgen zu machen.

Sorgen machen kann man sich ja über alles Mögliche. Über die Weltlage und über das Wetter. Über die Gesundheit und über das Geld. Über das Morgen und über das Übermorgen. Dabei wissen wir Sorgenmacher doch längst: »Sorge im Herzen bedrückt den Menschen.«

Sorge kann sogar lähmen. Sie kann mich davon abhalten, den nächsten Schritt zu gehen. Mancher bleibt vor lauter Sorgen immer da, wo er ist, wo er sich auskennt. Mancher bleibt vor lauter Sorgen lieber zu Hause, weil es draußen kalt und ungemütlich ist. Nein, Sorgen sind nichts Gutes. Sie sind sogar, so hat das der dänische Religionsphilosoph Sören Kierkegaard einmal gesagt, ausgesprochen heidnisch.

Einen Text von Sören Kierkegaard zu diesem Thema habe ich vor einiger Zeit entdeckt, und ich wusste sofort: Das ist mein Text. Sich Sorgen machen ist heidnisch, sagt Sören Kierkegaard. Und er meint, wenn er von Heiden spricht, nicht die Menschen, die noch nie etwas von Gott gehört haben. Er meint die Christen, die an Gott glauben, aber so leben, als gäbe es ihn nicht. Sorgen macht sich vor allem der, so Kierkegaard, der beständig im Morgen lebt.

Der Christ aber, der wirklich an die Liebe und Fürsorge Gottes glaubt, der lebt im Heute. Der freut sich heute über die Gegenwart Gottes. Der freut sich heute über seine Wohltaten. Der bittet: »Unser tägliches Brot gib uns heute.« Der Heide hingegen lebt im Morgen und stellt sich vor, dass alles das, was heute sein Leben ausmacht, morgen verschwunden sein könnte: die Gesundheit, das Geld, das Ansehen, die Ehre. Das alles kann ja auch tatsächlich sein. Menschen, die sich Sorgen machen, sind ja keine Fantasten. Sie sind vielleicht sogar Realisten. Obwohl, das hat der Amerikaner Dale Carnegie einmal festgestellt, mindestens 80 Prozent aller unserer Sorgen umsonst sind, weil nicht eintritt, was wir befürchtet haben.

Wie kommt man aus der Spirale des sich Sorgenmachens heraus? Indem man sich Gott anvertraut, indem man auf die Stimme seines Sohnes Jesus Christus hört, der gesagt hat: »Sorgt euch nicht um den morgigen Tag« (Matthäus 6,34). Er will damit auch sagen: Vertraut darauf, dass Gott für euch sorgt, dass für euch gesorgt ist. Denn er ist doch derselbe, gestern, heute und in alle Ewigkeit. Der, der mich bis hierher gebracht hat. Der mich bis hierher durch mein Leben begleitet hat. Der lässt mich ja nicht morgen auf einmal hängen. Er wird genauso da sein, wie er da gewesen ist.

Noch einen Satz habe ich vor einiger Zeit gefunden und den möchte ich gerne noch weitergeben. Er stammt von Sarah Young und lautet so: »Angst und Sorgen entstehen immer dann, wenn ich mir die Zukunft ohne Jesus vorstelle.«

Aber ich muss mir die Zukunft nicht ohne Jesus vorstellen. Er ist da. Er bleibt da. Er hält mich. Er trägt mich. Er führt mich. Das ist für mich das freundliche Wort, von dem auch in einem Bibelvers die Rede ist. »Sorge im Herzen bedrückt den Menschen; aber ein freundliches Wort erfreut ihn« (Sprüche 12,25). Das Wort Gottes. Das Wort: Ich bin immer für dich da.

DIE GRENZEN ALLER THERAPIEN

Er ist Psychologieprofessor und er begleitet immer wieder Ehepaare bei den angestrengten Versuchen, ihr Verhältnis neu zu ordnen. Einmal habe ich ihn gefragt:»Können sich Menschen überhaupt verändern? In der Tiefe verändern?«»Bis zu einem gewissen Grad schon«, hat er mir geantwortet.»Aber nur, solange sie nicht in Stresssituationen kommen. Wenn wir Menschen unter Druck geraten, benehmen wir uns wieder so, als wären wir sieben.«

Das hat mich ernüchtert. Denn es zeigt die Grenzen jeder Beratung, jeder Therapie auf. Doch ganz so einseitig wollte mein Psychologieprofessor diesen Satz dann doch nicht stehen lassen, wohl auch, weil er an den Schöpfer des Himmels und der Erde glaubt und an den Erlöser, Jesus Christus. An den Heiligen Geist. Und wir beide waren uns schnell einig, dass wohl auch auf diesem Gebiet gilt, was Jesus einmal in einem anderen Zusammenhang gesagt hat:»Bei den Menschen ist's unmöglich; aber bei Gott sind alle Dinge möglich« (Matthäus 19,26).

Gott hat es schließlich selbst versprochen. Dem Propheten Hesekiel lässt er einmal ausrichten:»Ich will euch ein neues Herz und einen neuen Geist in euch geben« (Hesekiel 36,26). Das ist ein Versprechen an das ganze Volk, und was für ein ganzes Volk gilt, wird wohl auch für einen einzelnen Menschen gelten können. Aber vielleicht kann es tatsächlich nur dieser Gott. Vielleicht können wir es nicht selbst mit Beratungen und Therapien, uns ein neues Herz und einen neuen Geist geben. Wenigstens nicht mit Beratungen und Therapien alleine.

Was ist das überhaupt – ein neues Herz, ein neuer Geist? Das Herz ist die Mitte der Persönlichkeit. Also der Bereich, den ein Mensch tatsächlich nicht verändern kann. Der neue Geist ist ein neues Denken. Und auch das wird man wohl alleine kaum herstellen können.

Ein kluger Mann hat einmal gesagt: Es ist schwer, ein Haus zu bauen. Es ist noch schwerer, ein Buch zu schreiben. Aber am allerschwersten ist es, einen neuen Gedanken zu denken.

Aber der, der dem Menschen das Herz gegeben hat, der seine Persönlichkeit geformt hat und der unser Denken prägen möchte, der kann das wohl. Deswegen sollten wir uns in seine göttliche Therapie begeben, uns von ihm beraten lassen.

Wie das geht? Für Martin Luther waren die Zehn Gebote auch so etwas wie ein Beichtspiegel. Also ein Spiegel, der mir deutlich macht, dass ich ein erbarmungswürdiger Sünder vor Gott bin. Dass ich mir die Liebe Gottes nie und nimmer werde verdienen können. Doch wenn ich meine Schuld beichte, dann bekomme ich seine Gnade geschenkt, seine Barmherzigkeit. Das ist wie beim Atmen. Ich atme meine Schuld aus und ich atme Gottes Liebe ein.

Das ist kein einmaliger Vorgang. Das kann, das darf, das soll vielleicht sogar jeden Tag passieren. Immer wieder das ausatmen, was vor Gott nicht bestehen kann, und seinen Geist einatmen. So, würde Martin Luther vielleicht sagen, wird das Herz neu, wird der Geist neu. Das ist meist ein langer Prozess und geht nicht von heute auf morgen.

Ich will mir das sagen lassen, von Gott persönlich: »Ich will euch ein neues Herz und einen neuen Geist in euch geben.« Ich will es mir sagen lassen. Ich will es meiner Familie sagen lassen. Ich will es meiner Gemeinde sagen lassen. Ich will es der ganzen Christenheit sagen lassen und vielleicht sogar der ganzen Welt. Und ich will Gott bitten: Ja, tu das! Tu das heute. Tu es jeden Tag neu.

DIE LÄNGSTE NACHT MEINES LEBENS

Die längste Nacht meines Lebens war die Nacht nach meiner Blinddarmoperation. Eine Routineoperation, die Tag für Tag tausendfach in europäischen Krankenhäusern durchgeführt wird. Nichts Aufregendes also. Aber hier war nicht irgendein Blinddarm herausoperiert worden, sondern meiner. Und hier lag nicht irgendeiner im Krankenbett, sondern ich.

Reglos lag ich, denn jede Bewegung tat weh. Es war kurz vor zwölf, das Krankenhaus schlief. Bis auf mich. Nach vielen Stunden schaute ich erneut auf den Wecker neben meinem Bett – es war Viertel nach zwölf. Die Nacht schien endlos.

Wie wohl jede schlaflose Nacht. Du drehst dich auf die linke Seite, dann auf die rechte. Du versuchst es auf dem Bauch, und schließlich auf dem Rücken. Nur schlafen kannst du nicht. Manchmal liegt's an einer Operation. Manchmal an bohrenden Lebensfragen. Was fängt man an mit einer schlaflosen Nacht? In Psalm 63 habe ich einen interessanten Rat entdeckt:»Wenn ich mich zu Bette lege, so denke ich an dich, wenn ich wach liege, sinne ich über dich nach.« Über Gott nachdenken, mit ihm reden, das Herz vor ihm ausschütten, sich an gute Erfahrungen erinnern, Danke schön sagen, Gottes unerschütterliche Menschenfreundlichkeit loben – das kann man anfangen mit einer schlaflosen Nacht. Doch vielleicht muss man damit bereits vor der Nacht beginnen.»Wenn ich mich zu Bette lege, so denke ich an dich.« Das Nachtgebet ist mehr als frommes Ritual. An der Grenze zwischen Tag und Traum befehle ich mich dem an, dem mein Leben gehört. Er ist der Herr meiner Tage. Er ist der Herr meiner Nächte, auch der schlaflosen.

»ICH MUSS GOTT SEIN!«

Kennen Sie den Unterschied zwischen einem Hund und einer Katze?

Ein Hund sagt: Du streichelst mich, du gibst mir etwas zu fressen, du gibst mir ein Dach über dem Kopf – du musst Gott sein. Eine Katze sagt: Du streichelst mich, du gibst mir etwas zu fressen, du gibst mir ein Dach über dem Kopf – ich muss Gott sein.

Da ist was dran, oder? Katzen kriegst du nie wirklich in den Griff, sie lassen sich nie vollkommen zähmen. Katzen bleiben immer wilde Tiere, frei, unabhängig. Daran liegt es wohl, dass sich bei Katzen die Geister scheiden. Die einen lieben sie, die anderen hassen sie.

Ich liebe Katzen. Warum, weiß ich auch nicht. Vor allem liebe ich Hugo, unseren Kater. Da lasse ich es mir gerne gefallen, dass er mich gelegentlich als schlichten Futterlieferanten missbraucht. Herrlich, wenn er vorher minutenlang maunzt und mich dabei sehnsüchtig anschaut. Herrlich, wenn er mir um die Beine streicht. Herrlich, wenn er dann, wenn nichts mehr zu helfen scheint, auf den Esstisch springt, um mir unmissverständlich klarzumachen, dass ich mich jetzt bitte schön um ihn und um ihn ganz allein zu kümmern habe.

Hugo und ich – manchmal denke ich, das ist so wie ich und Gott. Gott, ich geb's ja zu, ist für mich manchmal auch nur der Futterlieferant. Er hat für das zu sorgen, was ich zum Leben brauche. Und ich versuche ihn mit freundlichen Worten und mit sozialen Wohltaten zu bezirzen, versuche ihm deutlich zu machen, er solle sich doch jetzt bitte schön mal ganz alleine um mich kümmern. Und – Gott lässt sich genauso erweichen wie ich mich, wenn Hugo etwas zu fressen will.

Natürlich, er gibt mir nicht immer genau das, was ich mir gewünscht habe, aber ich weiß schon, dass das nichts mit Nachlässigkeit zu tun hat, sondern im Gegenteil mit Aufmerksamkeit.

»IHR HABT DIE SONNE MITGEBRACHT!«

Regen. Stundenlang Regen. Und nachmittags sollte Besuch kommen. Der Grill war startklar, die Würstchen aufgetaut. Dann der erste Fetzen blauer Himmel. Und der erste Sonnenstrahl. Als es klingelte, keine Spur mehr von schlechtem Wetter. »Kommt rein«, begrüßten wir die Gäste. »Ihr habt die Sonne mitgebracht.«

Ist ja ein nettes Kompliment. Vor allem dann, wenn es sich nicht nur aufs Wetter bezieht Kennen Sie solche Menschen? Die die Sonne mitbringen? Die düstere Gedankenwolken wegblasen? Die's hell machen in einem Zimmer, in einem Leben? Ich wünsche es Ihnen.

Und – Hand aufs Herz – gehören wir auch zu diesen Menschen? Sie und ich? Oder machen wir den Trübsinn eher noch ein bisschen trüber? Wissen zu jeder Krankheitsgeschichte noch eine womöglich schlimmere? Haben über den und den außerdem noch das und das gehört? Dabei wissen wir's doch längst: Es hilft ja nichts. Im Gegenteil. Und jenes berühmte chinesische Sprichwort haben wir auch schon mehr als einmal gehört: »Es ist besser, ein Licht anzuzünden, als auf die Dunkelheit zu schimpfen.« Aber etwas wissen, etwas einsehen heißt leider noch lange nicht, auch etwas zu tun.

Menschen, die die Sonne mitbringen, sind manchmal Frohnaturen. Manchmal aber sind sie auch Menschen, die der Trübsinn ihres eigenen Lebens nicht mehr niederdrückt, weil ihnen durch einen Satz aus der Bibel ein Licht aufgegangen ist. Einen Satz wie diesen: »Alle eure Sorgen werft auf Jesus Christus, denn er sorgt für euch« (nach 1. Petrus 5,7). Das ist ein Satz, den man ausprobieren muss. Nicht nur einmal. Und wer weiß – vielleicht sagt's irgendwann mal jemand auch zu Ihnen: »Du hast die Sonne mitgebracht.«

»DER IST FÜR MICH GESTORBEN«

Der ist für mich gestorben«, sagte sie, und als ich sie ansah, war mir klar: Sie meint, was sie sagt. Ich konnte sie verstehen. Sie war reingelegt worden, erbarmungslos und brutal. Und das nicht zum ersten Mal.

Dann, eines Tages, stand er wieder vor der Tür. Sie machte nicht auf. Als sie seine Stimme wenig später am Telefon erkannte, legte sie gleich wieder auf. Seinen Namen durfte man nicht mehr erwähnen, wenn sie dabei war. Er war für sie gestorben.

So werden wir manchmal fertig miteinander. Nicht allzu oft wird es so schlimm, zum Glück. Aber es gibt den Punkt, an dem unsere Bereitschaft erschöpft ist, einem zu verzeihen, neu mit ihm anzufangen. Manchmal passiert das sogar zwischen Eltern und Kindern. Da habe ich einen jungen Türken kennengelernt, der Christ geworden ist. Seine Eltern haben sofort jeden Kontakt zu ihm abgebrochen. Sie haben sogar per Gerichtsbeschluss erreicht, dass er nicht mehr den Namen der Familie tragen darf. »Ich bin für sie gestorben«, sagte er.

Im Musical »Anatevka« heiratet eine Tochter des jüdischen Milchmannes Tevje, einen Christen. »Ich habe keine Tochter mehr«, ist Tevjes bittere Konsequenz.

Manchmal ist das Maß voll. Manchmal geht's so einfach nicht mehr weiter. Manchmal will einer nicht mehr, und er kann nicht mehr.

Geht es Gott genauso?

Dass er Grund dazu hätte – ich denke, dabei müssen wir uns gar nicht lange aufhalten. Ich jedenfalls hätte wirklich Verständnis dafür, wenn Gott eines Tages über mich sagen würde: »Der ist für mich gestorben.« Aber ich bin ganz sicher, dass er es bisher nicht gesagt hat. Und ich glaube auch, dass er es nicht sagen wird.

Bin ich eingebildet? Bin ich ein überspannter Frömmler? Ich glaube nicht. Nein, ich bin deswegen so sicher, weil ich das von einem anderen sagen kann, freilich in einem viel tieferen und umfassenderen Sinne: »Der ist für mich gestorben.«

Natürlich lässt Gott nicht einfach fünfe gerade sein. Natürlich ist es nicht einfach nur Gottes Beruf, Menschen zu vergeben, wie Voltaire einmal gespottet hat. Natürlich schiebt sich jede Schuld, jede kleine und jede große Schuld, als Kontaktstörung zwischen Gott und mich, zwischen Gott und jeden Menschen. Ein unendlicher Berg an Schuld hat sich da im Laufe der Jahrtausende aufgetürmt. Und nur ein Spinner könnte annehmen, er schaffte diesen Berg aus eigener Kraft weg.

Doch Gott hat selbst die Initiative ergriffen, hat Jesus geschickt und hat ihm eine schier unmenschliche Aufgabe gegeben: Schaff die Schuld weg zwischen den Menschen und mir. Und Jesus hat das getan. Als er an jenem römischen Hinrichtungskreuz vor den Toren Jerusalems hing und mit letzter Kraft stöhnte: »Es ist vollbracht«, da hat er den Weg frei gemacht zwischen Gott und den Menschen, zwischen Gott und mir. Seitdem sagen die, die ihm ihr Leben anvertrauen: »Der ist für mich gestorben.« Will sagen: statt meiner, an meiner Stelle.

Weil das so ist, weil das gilt bis heute, darum sind wir, du und ich, für Gott nicht gestorben. Darum können die Kontaktstörungen zwischen Gott und uns weggeschafft werden. Wir können sie sozusagen dem Mann am Kreuz auf die Schultern packen. Auch heute noch, jeden Tag wieder. Er ist für mich gestorben. Solange ich daran festhalte, wird Gott das niemals von mir sagen.

SCHWERE LEKTÜRE

Als ich elf oder zwölf war, reichte das Taschengeld vorne und hinten nicht. »Dann such dir doch eine Arbeit«, riet der Familienvorstand, und ich begab mich auf die Suche. Schnell wurde ich fündig, denn eine Buchhandlung mitten in der Stadt suchte für den besonderen Dienst am Kunden einen treuen Austräger von Büchern und Zeitschriften. Siebzig Pfennig die Stunde – das war nicht gerade viel, aber ein Anfang.

Beim Dienstantritt bekam ich eine alte Aktentasche in die Hand gedrückt, und ein Buchhändler packte hinein, was immer hineinging. Ausgesprochen schwere Lektüre schien das zu sein, denn meine Arme wurden schon auf den paar Hundert Metern immer länger. Die halbe Stadt hatte ich zu beliefern – zu Fuß, versteht sich, und im Regen, denn in der Stadt, in der ich damals wohnte, pflegte es meistens zu regnen. Es tat gut, ein Buch abzuliefern, denn erstens wurde ich meist freundlich empfangen und zweitens war anschließend die Tasche wieder ein bisschen leichter. Papier ist nicht nur geduldig, Papier ist auch schwer. Bei Umzugsunternehmen sind die Bücherkartons deswegen eher klein zugeschnitten.

Zeitungen, Zeitschriften, Bücher – sie haben Gewicht, nicht alle, aber doch manche. Viele haben neue Gedanken in die Welt gebracht, neue Lebensentwürfe, neue soziale und politische Ideen. In diesen Jahren versuchen ihnen neue Medien den Rang abzulaufen. Ob sie es schaffen? Ich hoffe nicht. Was wäre die Welt ohne gedruckte Wörter, was wäre die Welt ohne Bücher?

Damals, als ich sie durch den Regen meiner Heimatstadt zu den Kunden tragen musste, habe ich sie manchmal verwünscht, zugegeben, aber ich habe sie auch schätzen und lieben gelernt. Manche Bücher haben mein Leben verändert, zum Beispiel die Bibel, über die Wilhelm Busch einmal gesagt hat, dass sie ein Buch sei, das beißt. Doch vielleicht gilt das für alle Bücher, die Wesentliches zu sagen haben. Und die sind mir allemal lieber als die zahlosen, die man wieder vergisst, kaum dass man sie gelesen hat. Wenn Sie Tipps brauchen: Postkarte genügt. Ob ich Ihnen die Lektüre allerdings höchstpersönlich vorbeibringe, kann ich Ihnen nicht versprechen.

GEISTLOSES GEREDE

Tante Hulda redet pausenlos. Wer sie einlädt, kann sich getrost in die Sofaecke kuscheln. Er muss nichts sagen. Höchstens von Zeit zu Zeit interessiert nicken. Warum redet Tante Hulda pausenlos? Hat sie so viel zu sagen? Oder hat sie am Ende etwas zu verbergen? Wer redet, kann nicht gefragt werden. Wer redet, muss nicht zuhören.

Onkel Herbert redet achtlos. Onkel Herbert ist – nein, ich sag jetzt nicht, was er von Beruf ist, denn ich will ja hier nicht einen ganzen Berufsstand diskriminieren. Andere sagen zuweilen über Onkel Herbert: »Der hört sich selbst gerne reden.« Er schaut dich an, wenn er redet, aber irgendwie schaut er durch dich hindurch. Er nimmt dich nicht wirklich wahr. Warum redet Onkel Herbert achtlos? Weil ihm die anderen nicht so wichtig sind? Weil er sie nur als Publikum braucht?

Vetter Hubert redet lieblos. Der hat immer eine spitze Bemerkung drauf. Mit dem legt man sich besser nicht an. Manches rutscht ihm einfach so heraus. Manches sagt er sehr betont und sehr bewusst. Seine Frau hat's nicht leicht mit ihm. Die Kinder auch nicht. Manchmal entschuldigt sich Vetter Hubert nach einer seiner zahllosen verbalen Entgleisungen. Doch die Verletzungen bleiben. Warum redet Vetter Hubert so lieblos? Was macht ihn so aggressiv? Fühlt er sich nicht ernst genommen? Nicht geliebt?

Wer pausenlos redet, achtlos und lieblos, der redet im Grunde geistlos.

Und wie redet man geist-voll?

Mit einem Vorsatz fängt's an. Ein alter Psalmdichter hat's vorgemacht. Er schreibt: »Ich habe mir vorgenommen: Ich will mich hüten, dass ich nicht sündige mit meiner Zunge« (Psalm 39,2).

LESEHÖHLE MIT TASCHENLAMPE

Also eins war klar: »Um neun ist das Licht aus!« Dann hatte das Buch auf dem Nachttisch und mein Kopf auf dem Kissen zu liegen. So jedenfalls hatten's meine Eltern mit mir vereinbart, und so hatten sie ja auch recht. Wenn man acht ist oder neun, braucht man genügend Schlaf, damit einem am nächsten Morgen in der Schule nicht die Augen zufallen.

Doch was tut man, wenn das Buch einfach viel zu spannend ist, als dass man es eine ganze Nacht lang ungelesen auf dem Nachttisch liegen lassen könnte? Man richtet sich unter der Bettdecke eine geheime Lesehöhle ein. Fürs nötige Licht sorgt eine Taschenlampe. Ein durchaus abenteuerliches Unterfangen, bei dem ich mir manchmal eine dritte Hand gewünscht hätte, denn die eine musste die Bettdecke auf die Matratze nageln, damit auch kein Licht durchschimmert, die andere eben fürs Licht sorgen und die dritte hätte ja dann das Umblättern besorgen können.

Doch irgendwie ging's und so zog ich noch ein paar Überstunden lang mit Corky und dem Zirkus durch die Welt, ritt ich auf Fury durch Amerikas Westen, bestand ich mit Lassie spannende Abenteuer. Mit Meisterdetektiv Agathon Sax löste ich knifflige Kriminalfälle und vom James-Krüss-Urgroßvater ließ ich mir die Welt erklären.

Die Lektüre wurde anspruchsvoller im Laufe der Jahre. »Stiller« von Max Frisch war das erste Stück Literatur, an das ich mich gewagt habe. Und noch ein anderes Buch drängte sich mehr und mehr in mein Leben: die Bibel.

Zugegeben: Ich hatte anfangs meine Schwierigkeiten mit diesem Buch. Seine Sprache war nicht meine Sprache, meine Fragen und seine Antworten schienen dadurch nicht recht miteinander vereinbar, bis mir eines Tages ein Freund eine neue Ausgabe in die Hand drückte. »Die Bibel – neu übertragen und erklärt von Hans Bruns« stand drauf. Ich schlug das Buch auf, begann zu lesen und konnte kaum noch aufhören. Das klang verständlich. Das klang vertraut. Wer weiß, ohne diesen Hans Bruns, dessen neue Übersetzung der Bibel 1962 zum ersten Mal erschien, hätte ich mir den Umgang mit der Bibel wahrscheinlich eines Tages abgewöhnt.

Heute gibt es die Bibel in vielen Übersetzungen und Übertragungen. Mal stellt sie sich als »Gute Nachricht Bibel« vor, mal als »Neues Leben«. Es ist leicht geworden, die wirklich wichtigen Antworten auf die wirklich wichtigen Fragen des Lebens zu entdecken. Es ist leicht geworden, die Bibel zu lesen, unter der Bettdecke oder anderswo.

VERLOREN IN LEIPZIG

Hauptbahnhof Leipzig anno 1955. War das schon die DDR oder noch die SBZ – ich weiß das nicht mehr so genau, jedenfalls verbindet sich mit diesem Ort und mit dieser Jahreszahl in meinem Kopf der Begriff »Ostzone«. Wir hatten Verwandte besucht, meine Eltern und ich. Nun sollte es wieder nach Hause gehen. Verwandte, Eltern und ich kleiner Knirps auf dem großen Leipziger Bahnhof. Ein letztes »Wann kommt ihr denn mal wieder« und ein allerletztes »Vielen Dank für die schöne Zeit bei euch« und die kleine Schar war plötzlich kleiner geworden. Wer fehlte, war ich kleiner Knirps. Der Zug abfahrbereit, die Eltern einsteigbereit, die Verwandten winkbereit, doch auf einmal nur noch ängstliche Erstarrung.

Was ich hier erzähle, ist mir natürlich erzählt worden. Ich habe das nicht mitbekommen, wie hätte ich es auch können, ich war ja weg.

Wo aber war ich auf dem großen Leipziger Hauptbahnhof? Ich war schon mal eingestiegen. Ich musste nämlich mal, und das nächste Klo, das wusste ich von der Hinfahrt, war ganz vorne in einem der Waggons, die uns Richtung Westen transportieren sollten. Seelenruhig muss ich da gesessen haben, um ein großes oder kleines Geschäft zu verrichten. Draußen war inzwischen die Bahnhofspolizei alarmiert worden. Die ersten Lautsprecherdurchsagen waren ergebnislos verhallt.

Doch kurz bevor die Verzweiflung ihren tragischen Höhepunkt erreichte, kam ich aus dem Waggon geklettert, um nachzusehen, wo der Rest der Familie bliebe. Der konnte sich gar nicht mehr halten vor Glück und Wiedersehensfreude, und wenn ein Leipziger Verwandter uns nicht dezent darauf hingewiesen hätte, dass der Zug sich allmählich in Bewegung setzte, hätten wir am Ende doch noch unsere Aufenthaltsgenehmigung verlängern lassen müssen.

Lang ist das her, inzwischen habe ich die Seiten gewechselt. Der kleine Knirps von damals hat längst selbst kleine und große Knirpse, die er zuweilen aus den Augen verliert. Wie gut, wenn man sie wiederfindet, wie gut, wenn man sie wieder in den Arm nehmen kann. Da gibt es dann keine Vorwürfe, sondern nur ein erleichtertes »Wie schön, dass du wieder da bist«.

Übrigens bin ich sicher, dass das nicht nur uns menschlichen Eltern so geht. So geht es auch Gott mit seinen Kindern. Er freut sich auch, wenn sie zu ihm zurückfinden.

»ICH DENK AN DICH!«

Da schiebt dich eine Schwester in den Operationssaal. Und dir ist ganz schlecht vor Angst und Aufregung. Doch dann fällt es dir ein: Jetzt denken sie an dich. Deine Familie, deine Freunde und die Leute aus deiner Gemeinde. Schließlich haben sie es versprochen. Manche haben sich sogar die genaue Uhrzeit notiert. Du bist nicht vergessen. Und der Herzschlag beruhigt sich. Der Atem geht gleichmäßiger. Du bist nicht vergessen. Von Menschen nicht. Und von Gott nicht. Das tut gut. Sie denken an dich und – was wichtiger ist – sie beten für dich. Sie bitten Gott im Himmel, dass er sich um dich hier unten auf der Erde kümmert. Dass er auf dich aufpasst. Dass er die Hände der Ärzte und der Schwestern lenkt und leitet.

Später wirst du dich bei ihnen bedanken, wirst du sagen, wie gut dir das getan hat, dass sie an dich gedacht haben. Dass sie an die Seite gelegt haben, was sonst nach ihrer Aufmerksamkeit geschrien hat. Dass sie ihre Gedanken von dem Vielerlei des Alltags losgerissen und auf dich konzentriert haben. Es hat dir Kraft gegeben. Kraft und Zuversicht.

Wie gut, wenn Menschen an uns denken. Wie viel besser, wenn Gott an uns denkt.

Aber ist das überhaupt vorstellbar, dass der große Gott, der mit Regierungsgeschäften für das ganze Universum beschäftigt ist, ausgerechnet an uns denkt?

Solche Fragen haben glaubende Menschen zu allen Zeiten gestellt. Und haben es noch immer wieder erfahren: Ja, Gott denkt an uns. Er segnet uns. Wir sind Gott wichtig.

Vor Jahren sah ich in einem Schaufenster einen Satz, den ich mir seitdem gemerkt habe: »Gott ist so groß, dass ihm das Kleinste nicht zu klein ist.« Also auch wir nicht. Also auch ich nicht.

Da kann man nur staunen. Da kann man nur vor Staunen die Augen aufreißen und die Ohren und den Mund halten. Oder aber Loblieder singen.

Die Bibel ist voller Loblieder, angestimmt von Menschen, die begeistert waren von diesem scheinbaren Gegensatz. Der große Gott kümmert sich um uns kleine Menschen. Einer dieser Lobgesänge ist Psalm 136. Ein Psalm, der möglicherweise während des Passahfestes gesungen worden ist, also während jenes Festes, das an den Auszug der Israeliten aus Ägypten erinnert. Der Vorsänger zählt Wunder um Wunder auf. Und die Gemeinde antwortet immer wieder mit dem Satz: »... denn seine Güte währet ewiglich.«

Auch diesen Satz singt der Vorsänger: »Er dachte an uns, als wir unterdrückt waren.« Und auch hier antwortet die Gemeinde mit dem Satz: »... denn seine Güte währet ewiglich.«

Ein alter Gospel fällt mir ein. Ein Lied, das dieses Wunder auf seine eigene Art und Weise beschreibt. Maria von Magdala wird angesprochen, die weinend am Grab ihres Herrn und Meisters sitzt. Doch immer wieder heißt es im Refrain: »Maria, weine nicht, klage nicht, die Armee des Pharao ist ertrunken. Darum musst du nicht klagen.« Und dann erzählt es Geschichte um Geschichte aus dem Alten Testament. Geschichten der Wunder und der Zuwendung Gottes. Ja, der Zuwendung. Denn wenn Gott an Menschen denkt, dann wendet er sich ihnen zu mit seiner Liebe und mit seiner Barmherzigkeit.

ONKEL DAGOBERT

Der Tresor ist sein liebster Platz. Hier schwimmt er im Geld und wird nicht müde, seine Goldtaler immer wieder zu zählen und immer neu zu polieren. Er ist zweifellos der reichste Mann der Welt: Dagobert Duck, Onkel und manchmal Chef von Donald Duck, unüberbietbar geizig, unüberbietbar grantig. Gold ist sein Ein und Alles, dafür lebt er, dafür arbeitet er. Ja, er betet es geradezu an, das glänzende Edelmetall. Gold ist sein Gott.

Neulich hatte ich einen Tagtraum. Lauter kleine Dagobert Ducks schwirrten durch meine Gedanken. Der eine hegte und pflegte mit Hingabe jeden einzelnen Grashalm in seinem Schrebergarten. Ein anderer saß Tag und Nacht vor seinem Rechner und schloss Sportwette um Sportwette ab. Von einem sah ich nur die Füße, der Rest steckte unter einem blank polierten Cabriolet. Einen konnte ich kaum erkennen, so schnell flitzte er an mir vorbei mit seinem kleinen hirschledernen Köfferchen. Irgendetwas rief er mir noch zu, etwas wie: »Jetzt nicht. Vielleicht später. Ich muss zur Börse.«

Ihnen allen und mir möglicherweise auch gilt dieses Bibelwort, ein Wort von Jesus: »Ihr könnt nicht Gott dienen und dem Mammon«, aufgeschrieben beim Evangelisten Lukas in Kapitel 16.

Warum ist Jesus hier so radikal? Warum geht nicht das eine mit dem anderen zusammen? Weil man wohl am Ende nur einem Gott dienen kann. Dem lebendigen Gott, der Himmel und Erde geschaffen hat, dem Vater unseres Herrn Jesus Christus, oder aber dem Geld oder aber der Gesundheit oder aber dem eigenen Sicherheitsbedürfnis. Denn, so hat das Martin Luther einmal gesagt: »Wo dein Herz ist, da ist dein Gott.« Wem also gehört mein Herz? Wofür investiere ich meine Zeit und meine Kraft? Worauf setze ich meine Hoffnung?

Schon immer hat Gott geradezu darum gebuhlt, dass die Menschen sich mit Haut und Haaren ganz und gar ihm allein anvertrauen. Denn er allein bietet Leben, Leben im Überfluss, ewiges Leben. Er allein bietet Vergebung der Schuld. Er allein bietet himmlische

Geborgenheit. Er allein bietet ein Ziel, für das sich jede Mühe lohnt, nämlich den Himmel. Alle anderen Götter sind nicht wirklich verlässlich. Alle anderen Götter lassen mich, wenn es ernst wird, im Regen stehen. Der lebendige Gott niemals. Er geht uns in die tiefsten Tiefen nach. Er liebt uns so sehr, dass er uns das Kostbarste schenkt, das er hat, nämlich seinen Sohn und damit sich selbst.

Zu diesem Gott möchte ich gehören in Zeit und in Ewigkeit. Bei ihm bin ich gut aufgehoben. Ihm will ich vertrauen. Ihm will ich mich mit allem, was ich bin und habe, anvertrauen. Und ich weiß schon jetzt, dass ich eine gute Wahl getroffen habe. Ja, die beste, die ein Mensch auf dieser Erde treffen kann.

ICH KANN BUNDESPRÄSIDENT

Immer wieder bekomme ich diesen Satz zu hören: »Du bist ja schwerer zu erreichen als der Bundespräsident.«

Na ja, ganz so schlimm wird es wohl nicht sein. Aber mancher muss es dann doch schon ein paar Mal versuchen, bis er mich am Telefon hat. Und ich bin dann auch nicht immer restlos begeistert.

Manchmal stöhne ich: »Ich kenne einfach zu viele Leute.« Und manchmal habe ich den Eindruck: Jeder und jede will irgendetwas von mir. Ich kann mir dann nur helfen, indem ich meine Bürotür fest verschließe, meine Assistentin anweise, niemanden reinzulassen, das Telefon auf »Umleitung« stelle und die reinkommenden E-Mails schlicht ignoriere. Meine Assistentin weiß: Jetzt haben nur noch ein paar wenige Auserwählte Zutritt.

Irgendwie finde ich das blöd. Aber ich weiß nicht, wie ich meinen Tag anders bewältigen kann.

Manchmal denke ich: Gott muss es ja noch viel schlimmer gehen. Da stehen unentwegt unübersehbar viele Menschen im Vorzimmer. Da klingelt unentwegt das Telefon. Da purzelt E-Mail auf E-Mail ins himmlische Büro. Und dann stelle ich mir vor, dass Gott auch seine Tür fest zumacht, dass er die Engel anweist, nun aber auch bitte keinen mehr durchzulassen. Und dass er jeden Anruf und jede E-Mail schlicht ignoriert.

Aber Gott ist nicht so. Weil er kein Mensch ist, sondern Gott. Weil er unendlich groß ist, unendlich mächtig und unendlich barmherzig. Er kümmert sich um jeden Einzelnen so, als hätte er es mit ihm, mit ihr ganz alleine zu tun. »Gott ist so groß, dass ihm das Kleinste nicht zu klein ist«, las ich einmal im Schaukasten einer Gemeinde. Und auch ich habe immer wieder unbegrenzten Zugang. Ich muss mich nicht anmelden. Ich muss es nicht ein paar Mal versuchen. Er ist zu sprechen.

Und ich treffe auf keinen nervösen, hektischen und überarbeiteten Gott, sondern ich treffe auf meinen lieben Vater im Himmel, der sich unendlich freut, dass ich zu ihm komme, dass ich ihm meine Sorgen und Probleme sage, dass ich ihm meine Schuld bringe, weil er das als Zeichen des Vertrauens ansieht, als Zeichen der Liebe. Er hört zu. Und wenn ich dann auch zuhöre, dann sagt er mir, was ihm wichtig ist in meinem Leben und in dieser Welt. Und er sagt mir immer wieder, dass er mich unendlich lieb hat.

Nein, Gott ist nicht einfach nur Gott. Gott ist mein Vater.

Jesus, der Sohn des allmächtigen Gottes, hat einmal ein Bild gebraucht, das mein Herz fast noch mehr zum Klopfen bringt. Johannes hat es aufgeschrieben:

»Ich sage hinfort nicht, dass ihr Knechte seid; denn ein Knecht weiß nicht, was sein Herr tut. Euch aber habe ich gesagt, dass ihr Freunde seid; denn alles, was ich von meinem Vater gehört habe, habe ich euch kundgetan« (Johannes 15,15).

Jesus ist mein Freund. Jesus ist unser Freund. Ich bin ein Freund von Jesus. Wir sind Freunde von Jesus. Freunde und Freundinnen. Nicht einfach nur Geschöpfe. Nicht einfach nur Mitarbeiter. Nein, Freunde. Freunde, die miteinander reden, die miteinander leben, die keine Geheimnisse voreinander haben. Die einander nichts vormachen können und die einander nichts vormachen müssen. Freunde, die jederzeit und ohne Terminabsprache Zugang zueinander haben. Wir zu ihm und er zu uns.

Ich finde, das ist einer der aufregendsten Gedanken, den die Bibel zu bieten hat. Und ich kann und ich will mich nicht daran gewöhnen. Und ich kann und ich will immer wieder neu darüber staunen, immer wieder neu darüber jubeln.

So wie das vor vielen 100 Jahren Paul Gerhardt getan hat:

Nun weiß und glaub ich feste,
ich rühm's auch ohne Scheu,
dass Gott, der Höchst und Beste,

mein Freund und Vater sei
und dass in allen Fällen
er mir zur Rechten steh
und dämpfe Sturm und Wellen
und was mir bringet Weh.

»BLEIB, WIE DU BIST!«

Bleib, wie du bist!«, wünscht mancher zum Geburtstag und meint es gut. Doch gut gemeint ist auch hier das Gegenteil von gut.

In seinen *Geschichten vom Herrn Keuner* schildert der Dramatiker Bertolt Brecht die folgende kleine Episode:

> *Ein Mann, der Herrn K. lange nicht gesehen hatte, begrüßte ihn mit den Worten: »Sie haben sich gar nicht verändert.«*
> *»Oh!«, sagte Herr K. und erbleichte.*

Nein, nicht bleiben, wie ich bin. Sondern werden, wie ich gemeint bin. Darauf kommt es an.

Die Malerin Margret Knoop-Schellbach hat mir einmal ein Hinterglasbild mit dem Porträt eines jungen Mannes geschenkt. »Das bist du!«, sagte sie lächelnd.

Ich war verwirrt. Ich sah mir so gar nicht ähnlich.

»Schau mal, wie das Bild heißt«, sagte sie dann augenzwinkernd. »Ein Werdender!«

Ach.

»Ja, das bist du!«, sagte sie dann. »Ein Werdender.«

Viele Jahre später traf ich sie wieder. »Nun bist du geworden!«, strahlte sie, worauf ich wohl ähnlich erbleicht bin wie Herr K.

Ich will gar nicht geworden sein. Das wäre ja das Ende. Ich will ein Werdender bleiben!

Ein Werdender bleiben. Im Leben und im Glauben. Neues entdecken. An mir, an den Menschen, an Gott. Ein Werdender bleiben, bis ich endgültig geworden bin – im Himmel. In der ewigen und herrlichen Welt Gottes. Und wo ich es in alle Ewigkeit weiß: Gott hat mich lieb.

HERBERGEN SIND NOCH KEINE HEIMAT

Wir bleiben nicht. Niemand bleibt.

Das hatten die Alten deutlicher und klarer vor Augen als wir. Auf einem Schweizer Bauernhaus fand ich den Satz: »Zur Herberg hier für kurze Zeit. Die Heimat ist die Ewigkeit.«

Herberge und Heimat. Zuweilen verwechseln wir das. Halten unsere Herbergen auf der Erde schon für unsere Heimat.

Bis wir uns verabschieden müssen.

Wir haben hier keine bleibende Stadt. Keine bleibende Herberge. Und sei sie noch so komfortabel ausgestattet. Wie gut, dass es die zukünftige gibt. Die kommende. Die Stadt der Zukunft. Die Heimat in Ewigkeit.

Aber suchen wir sie wirklich? Oder haben wir uns längst häuslich niedergelassen in diesem Leben, in dieser Welt? Haben uns so sehr in der Zeit verloren, dass wir darüber die Ewigkeit aus den Augen und aus den Gedanken verloren haben?

Bis – bis wir am Grab eines lieben Menschen stehen. Bis wir selbst die letzte Reise anzutreten haben. Dann wissen wir wieder, dass diese zeitliche Herberge nicht halten konnte, was wir uns von ihr versprochen haben.

Ich will das neu lernen. Ich will das neu leben. Will mein Herz nicht an das hängen, was ich ohnehin verlassen muss. Will stattdessen immer wieder über das hinausblicken, was mich bannt und was mich Bange macht. Will nach dem Himmel Ausschau halten. Nach der Welt Gottes. Der ewigen Welt. Der ewigen Heimat.

Was mich nicht davon abhalten wird, die zeitliche Herberge zu hegen und zu pflegen. Weltverachtung und Leibfeindlichkeit sind nicht der Christen Ding. Christen engagieren sich, setzen sich ein. Aber sie tun es mit der Gelassenheit des Himmels.

MANCHES ENDE IST EIN ANFANG

Nur noch zwei oder drei bunte Blätter am Monatskalender im Büro. Nur noch 20 oder 30 bunte Blätter am Kirschbaum im Garten. Es ist augenfällig: Das Jahr geht zu Ende. Ein Hauch von Abschied weht durch die Welt.

Der Herbst ist die hohe Zeit der Melancholiker.

Dabei wächst in jedem Ende ein Anfang.

Die herbstlichen Blätter unseres Kirschbaums fallen ja auch deshalb zur Erde, weil sie von der neuen Frühlingsgeneration schon sanft vom Zweig gestupst werden.

»Manches Ende ist ein Anfang«, habe ich vor vielen Jahren in einem Lied geschrieben. Mehr noch: Ohne Ende ist überhaupt kein Anfang möglich. Nur wer bereit ist, Altes loszulassen, bekommt seine Hände mit Neuem gefüllt.

»But let us begin anew!«, hat John F. Kennedy 1961 bei seiner berühmten Antrittsrede als Präsident der Vereinigten Staaten gesagt. »Aber lasst uns neu beginnen!« Doch nur der kann Neues anfangen, der bereit ist, Altes aufzuhören. Nur der kann neue Wege betreten, der bereit ist, alte Trampelpfade zu verlassen.

Das braucht Mut. Und Kraft. Und Zeit. Das braucht den Herbst und den Winter. Das braucht Zeiten der Stille und des Besinnens. Des Hörens und des Lesens. Des Denkens und des Betens.

Die letzten Monate des Jahres sind eine besondere Zeit. Gottgeschenkt. Wir sollten das stille Angebot, das sie uns machen möchten, nicht mit der lauten Geschäftigkeit der anderen Monate überdecken. Uns ein bisschen von außen nach innen wenden. Ein bisschen mehr zuhören. Unserem Herzen. Den Menschen, mit denen wir das Leben teilen. Gott. Das Wesentliche vom Unwesentlichen unterscheiden. Das Dringliche vom wirklich Wichtigen. So kann das Ende des Jahres der Anfang eines neuen, erfüllten Lebens werden.

»GEH'N WIR ZU MIR
ODER GEH'N WIR ZU MIR?«

Diese Frage kam mir neulich in den Sinn, als ich übers – Beten nachdachte.

Beim Beten nämlich geh'n wir meist zu mir. Da bitte ich Gott ins Chaos meines Büros, meiner Küche, meiner Seele. Und – oh Wunder – er kommt. Kommt immer wieder. Lässt sich nicht verschrecken durch allzu viele ungelöste Fragen und Probleme. Gott kommt mit zu mir! Unglaublich!

Aber Beten ist mehr. Kann mehr sein. Beten heißt nämlich auch: Wir geh'n zu ihm. In seine helle Welt. In seinen weiten Himmel. Ins Land des Friedens, der Ruhe, der Harmonie.

Es ist jetzt ein paar Wochen her. Am Ende eines überaus hektischen und Kraftzehrenden Tages sollte ich unsere Live-Sendung »wirklich.« moderieren. Doch ich kriegte den Kopf nicht frei. Den Kopf nicht, die Seele nicht und den Schreibtisch schon gar nicht. Plötzlich durchschoss mich der Gedanke: »Du könntest ja einfach mal beten. Predigst das anderen doch immer wieder.« Im Büro aber wollte das nicht wirklich gelingen. Also stieg ich in die obere Etage unseres Funkhauses. Dort haben wir vor ein paar Jahren einen kleinen Andachtsraum eingerichtet. Ich habe eine Kerze angezündet, mich vor das Kreuz gekniet und zum Losungsheft gegriffen. Da las ich einen Psalmvers, der wie für mich ausgesucht schien: »Vor dir ist Freude die Fülle« (Psalm 16,11).

Vor mir war Anspannung, war Hektik, war Kraftlosigkeit. Vor ihm war Freude, war Frieden, war Kraft. Ich habe den Frühlingsduft seiner Liebe geatmet. Und über seine Weitherzigkeit und Freundlichkeit und Schönheit und Ewigkeit gestaunt. Und habe mich beschenken lassen. Und bin anschließend mit neuer Kraft ins Fernsehstudio gegangen.

Weil wir bei ihm gewesen sind. Nicht nur bei mir.

Eigentlich schade, wenn wir immer nur zu mir gehen. Denn dann bleibe ich mit ihm bei mir. Was nicht schlecht ist. Aber eben längst nicht alles. Neue Kraft für den Alltag, frische Zuversicht für ein neues Jahr, Glaubensmut für ein ganzes Leben gibt's bei ihm.

Ich will auch künftig sein leises Werben hören und erhören und mich wundern, wie wunderbar Beten sein kann.

ICH KANN SCHLAFEN,
WEIL GOTT NIEMALS SCHLÄFT

Nachts sind nicht nur alle Katzen grau, sondern auch alle Gedanken. Grau und schwarz und schwer. Die Sorgen um Verwandte und Freunde liegen dir tonnenschwer auf der Seele. Die Sorgen um die Welt rauben dir den Schlaf. Du möchtest mit jemandem sprechen. Aber das kannst du hier jetzt nicht. Alle schlafen.

Wohl dir, wenn du beten kannst. Wenn du all das, was dich zu Boden drückt, vor dem Gott ausbreiten kannst, der niemals schläft. Psalm 121 bietet einen geradezu wuchtigen Trost:

»Der Herr wird deinen Fuß nicht gleiten lassen, und der dich behütet, schläft nicht. Siehe, der Hüter Israels schläft und schlummert nicht.«

Der Autor dieses Liedes hat es erfahren und seitdem ungezählte Menschen: Ich kann schlafen, weil Gott niemals schläft. Ich kann meine Sorgen entsorgen, weil er für mich sorgt. Ich kann ihm meine Ängste überlassen, weil er stärker ist als alles, was mir Angst macht. Er versteht. Und er versteht zu helfen. Indem er eine Situation von einem Moment auf den anderen verändert. Oder indem er Kraft gibt, die unveränderte Situation auszuhalten.

Beten ist der Schlüssel. Am Morgen, am Mittag, am Abend. Und in der Nacht. Beten und damit eingestehen: Ich kann dieses Leben nicht alleine bestehen. Ich bin zu klein angesichts der großen Herausforderungen, die auf mich warten. Zu schwach, um die Schwierigkeiten zu schultern, mit denen mich andere konfrontieren. Zu schlicht, um Antworten auf die vielen Fragen zu finden, die mir gestellt werden. Ich brauche ihn. Ich brauche seine Stärke und seine Weisheit. Ich brauche seine Nähe und seine Liebe.

Und er lässt sich bitten. Immer. Weil er mein Gott ist. Und mein Vater. Durch Jesus.

Martin Luther sagt es so: »Dieweil er Gott ist, kann und weiß er, wie er es aufs Beste mit mir machen soll. Dieweil er Vater ist, wird er es auch tun.«

STOLZ UND GEDÄCHTNIS

Hier ein Satz des wirklich nicht frommen, aber zuweilen abgrundtief ehrlichen Philosophen Friedrich Nietzsche: »Das habe ich getan, sagt mein Gedächtnis. Das kann ich nicht getan haben, sagt mein Stolz. Und endlich gibt mein Gedächtnis nach.«

Kenn ich. Erleb ich bei mir und bei anderen allzu häufig. Man denkt sich die Geschichten der Vergangenheit zurecht. Die Erfahrungen. Die Erfolge. Die Verletzungen. Damit man vor sich selbst und vor anderen bestehen kann. Der Stolz siegt über das Gedächtnis.

Dabei sind Menschen, die an Jesus glauben, auf solcherlei Verrenkungen eigentlich gar nicht angewiesen. »Wenn wir aber unsere Sünden bekennen, so ist er treu und gerecht, dass er uns die Sünden vergibt und reinigt uns von aller Ungerechtigkeit« (1. Johannes 1,9).

Und mein Gedächtnis muss sich nicht mehr meinem Stolz unterwerfen …

WARTENWARTENWARTEN

Du setzt auf die Zukunft, verklärst die Vergangenheit und verpasst die Gegenwart.

Du wartest. Immer wartest du. Auf irgendetwas. Auf besseres Wetter und bessere Zeiten. Und sagst, wenn sie denn endlich da sind, dass eigentlich doch früher alles besser gewesen ist. Du setzt auf die Zukunft, verklärst die Vergangenheit und verpasst die Gegenwart.

Auf was wartest du eigentlich? Warte ich? Warten wir?

Dass heil wird, was zerbrochen ist? Dass gesund wird, was krank ist? Dass gelingt, was misslungen ist? Dann warten wir auf den Himmel! Auf die Rückkehr des verlorenen Paradieses! Dann warten wir auf Gott!

Dabei ist der längst gekommen. Dabei kommt der immer wieder. Kommt mitten hinein in unsere Brüche. In unser Unheil. In unser Scheitern. In unsere Schuld.

Wer ihm begegnet, muss nicht mehr warten. Wer ihn findet, ist gefunden.

Und staunend knien Hirten vor einer Futterkrippe. Und Soldaten vor einem Kreuz. Und verängstigte Jüngerinnen und Jünger vor einem leeren Grab.

Geheimnis des Glaubens. Geheimnis der Adventszeit. Weihnachtsgeheimnis. Ostergeheimnis.

Wie nähert man sich einem Geheimnis? Staunend! Singend! Betend! Mit offenem Mund und geöffneten Händen.

Ob wir dazu die Zeit finden? Hoffentlich. Sonst warten wir vergebens. Sonst verpassen wir das Leben. Sonst verpassen wir Gott.

IN GOTTES OFFENE ARME FALLEN

Mein Handy hat mich eine Zeit lang mit dem Text begrüßt: »Gott ist da! Wo bin ich gerade?«

Wolfgang Schöne, inzwischen verstorbener Pfarrer aus Mainz, hat einmal erzählt, dass er einen Zettel mit ebendiesen beiden Sätzen jahrelang in seiner Jackentasche getragen habe. Ich wusste damals sofort: Das ist auch mein Satz. Nicht Gott ist abwesend. Ich bin es! Immer wieder.

Gehört habe ich den Satz bei einem Stillen Wochenende in Gnadenthal, im Haus der Stille der Jesus-Bruderschaft. Immer wieder fliehe ich dorthin. Um Ordnung in meine wirren Gedanken und Gefühle zu bringen. Um zu prüfen und zu planen. Um zu danken und zu denken. Ohne Zeitdruck. Ohne sprechen, erklären, Fragen beantworten zu müssen. Fast drei Tage Schweigen. Vor Gott. Ein Stilles Wochenende pro Jahr, in Gnadenthal oder anderswo – das tut gut. Auch wenn ich den Termin noch jedes Mal heftig verteidigen musste. Dazu ein Stiller Tag alle paar Wochen.

Weil die klassische Stille Zeit allzu oft keine wirklich stille Zeit ist. Weil ich meinen Bibeltext manchmal doch nur zwischen Tür und Angel lese. Weil mein Gebet doch oft genug nur so klingt, als würde ich vor Gott meine Tagesordnung abarbeiten. Beten heißt doch: in Gottes offene Arme fallen. Und dazu braucht man Zeit. Geht nicht anders.

So wichtig wie diese Termine ist jedoch eine feste Standleitung zum Himmel. Ich kann ja immer und überall mit Gott reden. Mich immer und überall erinnern, dass er da ist. Neben mir. In mir. Mir helfen dabei Symbole. Ein Fingerkreuz zum Beispiel. Oder eine Bildkarte an der Wand. Und mir hilft das uralte Herzensgebet: »Herr Jesus Christus, du Sohn Gottes, erbarme dich meiner!« Von seinem Erbarmen leben wir. Vom ersten bis zum letzten Atemzug. Man kann dieses Gebet so gleichmäßig beten, wie man atmet. Und erfährt es wieder: Er hört. Er erhört. Er ist da.

Und ich bin es auch.

DU HAST KEINE ANGST, DU BIST ANGST

Manchmal kommt es knüppeldick. Manchmal hat sich alles gegen dich verschworen. Was nur schiefgehen kann, geht schief. Du kommst dir vor wie ein Hase, den Hunde in eine ausweglose Schlucht gejagt haben. Dein Herz rast vor Angst. Todesangst. Dein Hirn schlägt Purzelbäume. Sucht verzweifelt nach Lösungen und findet keine. Schluss. Ende. Aus. Kein Mensch kann mehr helfen. Kein Mensch und – kein Gott.

Denn davon bist du überzeugt: Wo du nicht weiterweißt, weiß er es auch nicht. Nein, du kannst einfach nicht mehr glauben, nicht mehr vertrauen. Nein, du kannst einfach nicht mehr beten. Du hast keine Angst. Du bist Angst.

Als dich plötzlich ein Wort vom Himmel trifft. Durch die Bibel. Durch einen Menschen. Und du ganz vorsichtig zu ahnen beginnst, dass Gott dich doch nicht vergessen hat. Dass er doch helfen kann. Dass er doch helfen will. Dass du dich nur in seine Arme werfen musst. In die Arme deines liebevollen Vaters. Dass du nur nach seinen Händen greifen musst. Nach den Händen, die von Nägeln durchbohrt sind. Und in dir wächst leise eine neue Gewissheit, dass dein Leben in seiner Nähe sicher ist. Und dein Herz wird langsam ruhiger ...

WIR SIND KEINE HOFFNUNGSLOSEN FÄLLE

Wären wir Menschen hoffnungslose Fälle, könnte Gott seine Propheten entlassen und ihre Arbeitsplätze wegrationalisieren. Wäre ich ein hoffnungsloser Fall, könnte Gott sein Wort für sich behalten und sich aufs Schweigen verlegen. Doch Gott redet. Zu den Menschen. Zu mir. Immer wieder. Durch Menschen, durch die Bibel, durch Radio- und Fernsehsendungen, durchs Internet. Weil es Hoffnung gibt. Hoffnung, auch in einer noch so ausweglos scheinenden Lage zu überleben.

Alles, was er von uns möchte, ist unser Ohr. Dass wir endlich wieder auf ihn hören! Ist unsere Liebe. Dass wir endlich zurückkehren in seine Arme! Ist unser Vertrauen. Dass wir endlich wieder glauben, dass er es gut meint mit uns! Immer! Alles, was er von uns möchte, ist unser Herz. Weil er uns seins geschenkt hat. Für alle Ewigkeit. Sein Herz heißt Jesus.

»FRIEDE MIT GOTT« MIT ESELSOHREN

Ich hab es mir jetzt noch einmal aus dem Bücherschrank geholt, dieses alte, zerlesene Taschenbuch. Schon ein paar Mal habe ich es geflickt. Aber ich mag es nicht wegwerfen. Geht nicht. Klar, ich habe auch eine neuere Version in meinem Bücherschrank. Doch nur dieses arg ramponierte Buch hat seinen besonderen Platz in meinem Leben mit Gott. *Friede mit Gott* heißt das Buch.

Geschrieben hat es Billy Graham, der bekannte amerikanische Evangelist. 1954 ist es zum ersten Mal auf Deutsch erschienen. Mein Buch stammt aus dem Jahr 1966. Ich habe es mir in Kärnten gekauft während einer Jungenschaftsfreizeit unseres CVJM.

Was hat mich so fasziniert an diesem Buch? Nicht, dass ich nicht alles, worum es hier geht, schon mehrfach gehört und gelesen hatte. Nein, aber hier wurde mir auf einmal der große Zusammenhang deutlich. Welche Rolle spielt die Bibel? Die Sünde? Der Teufel? Was kommt nach dem Tod? Warum ist Jesus gekommen? Was bedeuten Buße, Glaube und Wiedergeburt? Wie bekommt man Glaubensgewissheit? Wie sehen christliche Lebensregeln aus? Welche Rolle spielt die Gemeinde? Was sind die sozialen Pflichten des Christen? Wie sieht ihre Zukunft aus? Das letzte Kapitel dieses Buches trägt die Überschrift: *Und endlich der Friede*.

Billy Graham schreibt: »Ich kenne Menschen, die einen Scheck von einer Million Dollar ausschreiben würden, wenn sie den Frieden finden könnten … den du in Christus gefunden hast.« Und er schließt mit einem wunderbaren Bild: »Blitze zucken, der Donner dröhnt, der Wind weht. Aber in einer Felsspalte schläft ein kleiner Vogel. Sein Kopf ruht ruhig und heiter unter seinem Flügel.«

Also, so Billy Graham, Friede heißt: schlafen können mitten im Sturm.

Das ganze Buch ist eine Illustration des Verses, den Paulus in seinem Brief an die Römer formuliert hat: »Da wir nun gerecht geworden sind durch den Glauben, haben wir Frieden mit Gott durch unseren Herrn Jesus Christus« (Römer 5,1).

Friede mit Gott – das bedeutet nicht Friede, Freude, Eierkuchen. Es bedeutet nicht alle Tage Sonnenschein. Es bedeutet nicht gesund und erfolgreich sein. Friede mit Gott heißt: Ich bin geborgen bei ihm. Ich weiß, woher ich komme und wohin ich gehe. Ich weiß, dass meine Schuld vergeben ist. Ich weiß, dass ich auf ewig geliebt bin. Mein Leben hat ein Ziel. Mein Leben hat einen Halt. Mein Leben hat einen Sinn.

Während ich das so sage, klingt in mir ein altes amerikanisches Lied: »Wenn Friede mit Gott meine Seele durchdringt; ob Stürme auch drohen von fern, mein Herze im Glauben doch alle Zeit singt: Mir ist wohl in dem Herrn.«

Das amerikanische Original drückt sich meines Erachtens hier ein bisschen präziser aus: »It is well with my soul.« Was so viel heißt wie: Für meine Seele ist alles in Ordnung, ist alles gut, ist alles richtig. Obwohl ich mich vielleicht gerade gar nicht wohlfühle. Der Friede mit Gott hat nichts mit Wohlgefühl zu tun. Aber mit einer tiefen Gewissheit, dass ich auf ewig sicher und geborgen bin in den guten Händen meines himmlischen Vaters. Ich wünsche dir Frieden mit Gott.

ES GIBT WORTE, DIE VERÄNDERN DEIN LEBEN

Es gibt Worte, die verändern dein Leben. Die vergisst du nie wieder.

Als er dich gefragt hat, ob du ihn heiraten willst, zum Beispiel. Als deine Tochter zum ersten Mal »Mama« gesagt hat, zum Beispiel. Als dein Chef dich vor allen anderen gelobt hat: »Nehmen Sie sich ein Beispiel an dieser Frau.«

Worte können ein Leben verändern. Gute Worte. Schlechte Worte aber auch. Das zornige Wort deines Vaters: »Du bist nicht mehr meine Tochter.« Das ärgerliche Wort deines Vorgesetzten: »Alles, was Sie anpacken, geht schief.«

Worte verändern ein Leben. Worte schaffen einen Raum, in dem du aufatmest. Worte können dir aber auch die Luft zum Atmen nehmen. Worte haben Macht.

Das gilt natürlich im Besonderen für die Worte, die Gott spricht. Diese Worte haben noch einmal eine ganz andere Dimension als Menschenworte. Sie sind Worte und Taten zugleich. »Und Gott sprach: Es werde Licht. Und es ward Licht.« Und Jesus sagte: »Steh auf, nimm dein Bett und geh.« Und er ging zum ersten Mal seit Jahren …

Mancher von uns erinnert sich an ein besonderes Wort von Gott. Ein Wort, mit dem er zum Glauben gelockt wurde, in einen Gottesdienst, in eine Evangelisation, in eine Jungscharstunde. Das war zunächst einmal ein Menschenwort. Das Wort des Pastors, des Evangelisten, des Jungscharleiters. Aber es wurde in diesem Moment zu einem Wort Gottes. Und auf einmal war alles anders.

Wenn schon für Menschenworte gilt, dass sie einen Raum schaffen können, in dem ich frei atmen kann, dann gilt das erst recht für das Wort Gottes. Wir haben es konzentriert in der Bibel. Darum nennen wir die Bibel auch »Heilige Schrift« oder schlicht »Wort Gottes«.

Dieses Wort erzählt uns, wie Gott ist und wie er sich unser Leben vorstellt. Es erzählt uns, wie Gott nichts unversucht lässt, um uns in seinen Himmel zu locken. Es zeigt uns das Herz des Vaters. Es zeigt uns die Liebe des Sohnes. Es zeigt uns die Wirkungen des Heiligen Geistes und vieles, vieles mehr. Dieses Wort Gottes ist ein schier unerschöpflicher Ozean an himmlischen Wahrheiten und Weisheiten. Mit diesem Wort kann man leben. Mit diesem Wort kann man sterben. David sagt das in seinem Psalm 56 so: »Ich will rühmen Gottes Wort. Ich will rühmen des Herrn Wort.« Im nächsten Vers beschreibt er die Konsequenzen daraus: »Auf Gott hoffe ich und fürchte mich nicht. Was können mir Menschen tun?« Gottes Wort schafft einen Raum, in dem wir aufatmen können. Es schafft uns einen Rahmen, in dem wir uns entfalten können, einen Platz, an dem wir aufblühen können.

Und ich finde, es ist das Wunder aller Wunder: Der große allmächtige Gott, der Schöpfer des Himmels und der Erde, er spricht mit uns. Er spricht mit mir. Er hilft und heilt und tröstet. Er korrigiert. Er bringt zurecht. Und er sagt vor allem immer wieder das: »Ich liebe dich.«

EINFACH
LESENS
WERTH

---

7 VIS-À-VIS

BEGEGNUNGEN MIT MENSCHEN

FRÜHGEBURT ODER FEHLGEBURT?
AUFPÄPPELN ODER ENTSORGEN?

Ist sie da? Wirklich da? Und wie lange kann sie bleiben?

Nachts ist es passiert. Solche Geschichten passieren immer nachts. Ein Anruf aus der Klinik: »Wir können die Wehen nicht länger zurückhalten. Höchstens 24 Stunden. Die aber brauchen wir, damit das Kind eine Chance hat.« Das Kind, unser erstes Enkelkind, hat es sich offenbar in den kleinen Kopf gesetzt, zu früh auf diese Welt zu kommen. Viel zu früh. Noch mal rechnen. Aber immer dasselbe Resultat. 5. Monat. 23. Woche.

24 Stunden später. Keine Minute mehr. Sie ist da. Wirklich da. Aber wird sie bleiben? 720 Gramm. Nicht viel mehr als ein Joghurtglas. Viel zu klein für dieses Leben, viel zu schwach für diese Welt. Hat sie eine Chance? Wird sie überleben? Und wie? Werden Eltern und Großeltern Kraft genug haben, ein behindertes Kind zu lieben und großzuziehen?

Keine zuverlässigen Prognosen aus dem Krankenhaus. Eher verlegene Unsicherheit. Viel später erfahren wir, warum. Die Eltern hätten in dieser Nacht noch entscheiden können, ob sie das Kind wollen oder nicht … Frühgeburt oder Fehlgeburt. Aufpäppeln oder entsorgen. Auf dem schmalen Grat zwischen Genialität und Brutalität der Medizin.

Doch sie ist gewollt. So oder so. Ihr Glück. Glück? Fünf Monate Brutkasten. Kabel und Schläuche an den kleinen Füßchen und Beinchen. Künstliche Beatmung. Künstliche Ernährung. Der Tod einen Atemzug entfernt.

Hilflos stehen und sitzen wir immer wieder an ihrem unromantischen Bettchen. Hilflos flüstern wir unsere ängstlichen Gebete: »Gott, du hast dieses kleine Wesen gewollt. Nun lass es bitte auch wachsen! Und lass es ein gesundes Baby werden!«

Verzagtes Gottvertrauen. Hat man mehr in solchen Momenten? Man hat Geschichten von anderen Kindern. Mutmachgeschichten.

Aber auch Verzweiflungsgeschichten. Man hat das routinierte Geschick der Krankenschwestern. Und die erprobte Kompetenz der Ärzte. Aber auch sie können nicht wirklich versprechen, dass alles gut ausgeht. Wie sollten sie?!

Jedes zusätzliche Gramm Gewicht ist ein Ereignis. Jeder eigene Atemzug. Jedes selbstständige Herzklopfen. Monate zwischen Zuversicht und Zweifel. Zwischen Vertrauen und Verzagtheit.

Dann, endlich, nach fünf unendlichen Monaten das Signal: Ja, sie darf nach Hause. Mit ein paar medizinischen Apparaten im Gepäck. Aber was ist das schon!

Das bunte Kinderbettchen hat lange auf sie gewartet. Viel zu lange. Das lustige Mobile viel zu lange unbeachtet seine Kreise gezogen. Nun liegt sie da. Immer noch viel zu klein. Vorsichtig lege ich meine Hände auf ihren Kopf. »Vater im Himmel, danke, dass du sie so weit aufgepäppelt hast. Lass sie weiterwachsen. Lass deine heilende und stärkende Kraft in ihren winzigen Körper fließen. Berühr sie mit deiner Freundlichkeit. Stell Engel um ihr Bettchen. Und mach sie zu einem fröhlichen Kind.«

Es tut so gut, dieses Kind einem anderen anbefehlen zu können. Einem Mächtigeren. Kompetenteren. Einem, bei dem sie noch besser aufgehoben ist als bei Ärzten und Krankenschwestern. Uns tut's gut. Und ihr auch.

Ein paar Jahre ist das mittlerweile her. Nein, es ist nicht alles gut geworden. Wenigstens nicht so gut, wie wir uns das gewünscht hätten. Die Augen sind schwach. Und das behindert sie. Aber sie ist ein keckes und fröhliches Wesen geworden. Und Eltern und Großeltern würden sie gegen nichts auf der Welt eintauschen.

Immer noch beten wir für sie. Besseres kann man für einen Menschen vielleicht ohnehin nicht tun. Sie soll an der Hand unseres guten Gottes fröhlich durchs Leben stolpern. Klar, sie holt sich manche Beule, manche Schramme dabei. Aber all das macht sie zu einem ganz und gar einmaligen Menschen mit einer ganz und gar einmaligen Geschichte. Ein Himmelskind eben.

Mühsam kämpfst du dich ins Leben.
Jeder Atemzug tut gut.
Kaum geborn, schon aufgegeben.
An dich zu glauben, brauchte Mut.
Viel zu klein für dieses Leben.
Viel zu schwach für diese Welt.
Hast uns Rätsel aufgegeben,
kleines Mädchen, großer Held.
Bist ein Sorgenkind.

Viel zu früh die kecke Nase
in den kalten Wind gesteckt,
in der falschen Wachstums-Phase.
Hast du das heimlich ausgeheckt?
Hast Schlaraffenland verlassen
lange schon vor deiner Zeit.
Hast auf uns dich eingelassen.
Waren noch lange nicht bereit.
Überraschungskind.

Eine kleine Handvoll Leben,
eine große Handvoll Kraft.
Schwach und stark zugleich, deswegen
wunderbar und rätselhaft.
Eine kleine Handvoll Wunder,
eine große Handvoll Ich.
Bist ein forscher Welterkunder.
Kleiner Spatz, wir lieben dich.
Bist ein Wunderkind.

Menschenkind, das ist dein Leben.
Lerne lachen, singen, schrein.
Lern vertrauen, lerne geben.
Unser Gott wird bei dir sein.

Menschenkind, machst unser Leben
reich und weit und tief und schwer.
Lehrst uns, uns nicht zu überheben.
Auch die Kleinsten sind schon wer.
Bist ein Himmelskind.

DER NAHOST-KONFLIKT IN EINER NUSSSCHALE

Sie haben den Nahost-Konflikt auf ihre Weise gelöst: Joel, Israeli, und Hassan, Palästinenser. Joel und Hassan sind Freunde, Freunde geworden in einem langwierigen Prozess. »Schließlich«, so erzählt Joel, »habe ich etwas anderes gelernt, nämlich, dass Palästinenser meine Feinde sind. Schon als kleines Kind hatte ich Angst vor Palästinensern, habe ich Palästinenser, ja, gehasst.«

»Bei mir war das dasselbe«, berichtet Hassan, »Israelis, das waren die bösen Besatzer, die, die uns unser Land weggenommen haben. Ich habe es praktisch mit der Muttermilch aufgesogen: Israelis sind böse.«

Und warum sind sie heute Freunde? Weil ein junger Palästinenser angefangen hat, an die Versöhnung zu glauben und etwas dafür zu tun, dass Versöhnung möglich wird. Dieser junge Palästinenser ist Christ, Dozent an einer Bibelschule in Bethlehem. Sein Name: Salim Munair. Seit ein paar Jahren veranstaltet er Camps für Israelis und Palästinenser, meist irgendwo in der Wüste, denn dort ist man aufeinander angewiesen, dort kommt es auf Zusammenarbeit an. Nebenbei erzählt ihnen Salim Munair noch etwas von jenem Mann, der im Land der Israelis und Palästinenser gelebt hat, Jesus von Nazareth. Für Salim Munair ist Jesus Christus ein Zeichen der Versöhnung, das Gott in diesem Land aufgerichtet hat, der Versöhnung zwischen Gott und Menschen, der Versöhnung aber auch der Menschen untereinander.

Joel und Hassan haben sich auf einem solchen Camp kennengelernt. Heute sind sie Freunde. Sie haben den Nahost-Konflikt auf ihre Weise gelöst. Können sie als Teil für das Ganze stehen?

KEIN HEBRÄISCH

Er war viele Jahre lang Sprecher des israelischen Außenministeriums, und er kommt aus Deutschland, besser gesagt: seine Vorfahren. Aviv Shirons Großeltern wanderten vor gut achtzig Jahren nach Israel aus, ein paar Jahre bevor Hitler und seine Helfer begannen, die Juden Europas systematisch auszurotten. Der Großvater ist lange tot, die Großmutter lebt noch. Eine Israeli. Aber eine, die kein Hebräisch spricht, nur Deutsch.

Aviv Shiron erzählt lächelnd, er habe einmal zu ihr gesagt: »Schämst du dich eigentlich nicht, Oma? Du lebst jetzt schon so lange in Israel und sprichst immer noch nicht Hebräisch.«

Darauf habe seine Großmutter verschmitzt geantwortet: »Es fällt mir viel leichter, mich zu schämen, als Hebräisch zu lernen.«

So eine Frau würde ich gerne kennenlernen. Nicht nur, weil ich mich auf Deutsch mit ihr unterhalten könnte. Nein, auch deswegen, weil sie offensichtlich ein Mensch ist, der zu seinen Schwächen steht. Und die findet man selten, nicht nur in Israel.

Zu seinen Schwächen stehen kann man, wenn man sich wohlfühlt in seiner Haut. Und – wenn man sich angenommen weiß. Von Menschen und von Gott.

Vielleicht liest Aviv Shirons Großmutter ja zuweilen in dem großen alten Buch der Juden und der Christen und erfreut sich an Sätzen wie diesem: »So viel bist du mir wert, dass ich Menschen und ganze Völker aufgebe, um dich am Leben zu erhalten!« (Jesaja 43,4; HFA).

YÜKSEL AUS EPHESUS

Diesmal war ich der Fremde. Neugierig und ein bisschen unsicher. Aber viele von denen, die hier zu Hause waren, sprachen Deutsch. Hatten's wohl bei uns gelernt. Ein Deutscher unter Türken. Ein Deutscher in der Türkei. In Ephesus, genauer gesagt, der größten antiken Ausgrabungsstätte der Welt.

Das barfüßige Mädchen verkaufte schlichte, handgeschnitzte Bambusflöten. Dass ich aus Deutschland kam, hatte sie gleich entdeckt.

»Wie heißt du?«, fragte sie.

»Jürgen«, sagte ich. »Und du?«

»Yüksel!«, strahlte sie. »Das klingt fast genauso. Wie geht's dir?«

»Gut«, sagte ich. Ich habe Urlaub. »Und dir?«

»Na ja«, sie wurde ein kleines bisschen verlegen. »Nicht so.«

Doch bevor ich weiterfragen konnte, stand ihr Entschluss fest.

»Ich schenke dir eine Flöte!«

»Warum?«, fragte ich unsicher.

Vielleicht war das ja ein besonders ausgekochter Verkaufstrick. Weiß man's?

»Weil du nett bist«, war die ganze Antwort.

Die erste Flöte, die sie aussuchte, gefiel ihr nicht. Aber die zweite. Und dann stand ich da mit einer schlichten, handgeschnitzten Bambusflöte in der Hand. Yüksel strahlte mich an, und während ich noch ein bisschen misstrauisch darauf wartete, ob sie jetzt nicht doch irgendeine Gegenleistung von mir erwartete, hüpfte sie fröhlich davon, winkte noch einmal und war verschwunden.

Sie hatte mir eine Flöte geschenkt. Und ihr Lächeln. Ein kleines barfüßiges Mädchen aus Ephesus. Viel ärmer als ich. Aber vielleicht doch reicher.

Yüksels Flöte steht in unserem Wohnzimmerschrank. Sie erinnert mich an die Türkei. Und an einen Satz, den der Apostel Paulus vor vielen, vielen Jahren an die Christen in Ephesus geschrieben hat: »Euer ganzes Leben soll von der Liebe bestimmt sein. Nehmt Gott zum Vorbild« (Epheser 5,2.1; GNB).

MÖPPES

Überraschungen waren bei ihm nicht zu erwarten. Man konnte ihn »ausrechnen«. Auch die Noten seiner Klassenarbeiten. Zu den Guten gehörte er sowieso. Meist war er der Beste. Und ebendarum nicht besonders beliebt bei uns. Beim Fußball zeigten wir's ihm regelmäßig. Und hatten unseren Spaß, wenn er sich mit blauen Schienbeinen auf dem Boden krümmte. Möppes war unser Streber. Und der, an dem wir unsere Aggressionen ausließen. Ob er unter dieser Rolle litt? Wir haben nicht darüber nachgedacht.

Nach der Schule habe ich ihn vergessen. Wie viele andere auch. Dann hörte ich wieder von ihm. Viele Jahre später. Unser ehemaliger Klassenlehrer brachte ihn ins Gespräch, als wir uns unerwartet beim Einkaufsbummel begegneten.

»Haben Sie's schon gehört?«, fragte er. »Unser Möppes ist jetzt im Untergrund. Rote-Armee-Fraktion oder so.«

Ich traute meinen Ohren nicht. Möppes, unser Streber, der Liebling aller Lehrer, Möppes ein Terrorist?

Szenen aus unserem Klassenalltag wirbelten durch meine Gedanken. War das nun seine Form von Rache? An uns? An der Schule? Am System? Natürlich, all das konnte nicht spurlos an ihm vorübergegangen sein. Jede kleine Hänselei, jedes Foul beim Fußball hatte ihn ein Stück weiter herausgetreten aus unserer Gemeinschaft. Möppes' Lebensgeschichte – das waren auch wir, auch – ich.

Jede Begegnung hinterlässt eine Spur im Leben eines Menschen. Wie wir miteinander umgehen, das wirkt sich nicht nur auf den Moment aus. Das kann sich auswirken auf ein ganzes Leben.

Seitdem ich das weiß, versuche ich aufmerksamer zu leben. Ein schlichter Satz hilft mir dabei: »Behandelt die Menschen so, wie ihr von ihnen behandelt werden wollt.«

Ein Satz aus dem Neuen Testament (Matthäus 7,12). Ein Satz des Jesus von Nazareth. Ob man so leben kann? Er hat's getan.

OMAS TIERLEBEN

Also Oma und Opa – von denen kann ich Ihnen was erzählen. Ich weiß, eigentlich tut man das nicht. Familie ist Familie, und da hält man sich hübsch bedeckt, doch wie ich Oma und Opa gekannt habe, hätten die sich glatt gefreut, wenn ich hier ein bisschen von ihnen erzähle.

Mit der Tierwelt stand meine Oma zeitlebens auf Kriegsfuß. Kamele, Elefanten, Giraffen kannte sie halt nur aus dem Fernsehen. In ihrer schlesischen Heimat hatte es die nicht gegeben. So kam es, dass sie das eine exotische Tier zuweilen mit dem anderen verwechselte.

Als ich noch Zigaretten rauchte zum Beispiel und sie mir eine kleine Freude machen wollte, verlangte sie beim Verkäufer glatt die mit dem Elefanten vorne darauf. Nach einer kurzen Schrecksekunde wusste der gewiefte Tabakexperte, dass sie eigentlich ein ein- bis zweihöckriges Wüstentier meinte.

Doch auch mit der heimischen Fauna hatte sie zuweilen Schwierigkeiten, vor allem dann, wenn Tiere plötzlich auf vier Rädern daherkamen. Mein erstes Auto war ein 2 CV, den ich gerade noch finanzieren konnte. Einer Nachbarin erzählte sie stolz: »Unser Junge hat ein neues Auto – eine Henne!«

Sie war eine Perle, meine Oma. Was haben wir über sie gelacht! Aber nicht nur wir. Sie hat selbst am lautesten gelacht.

Vielleicht, denke ich heute manchmal, sind das besonders wertvolle Menschen: die über sich selbst lachen können. Die sich selbst nicht so furchtbar wichtig nehmen. Die sich selbst nicht so tierisch ernst nehmen.

Eine Ordensgemeinschaft aus Paris, die Kleinen Schwestern, hat neue Seligpreisungen zu Papier gebracht. Unter anderem diese:

»Selig die, die über sich selbst lachen können, sie werden immer genug Unterhaltung finden.

Selig die, die intelligent genug sind, um sich selbst nicht ernst zu nehmen. Sie werden von ihren Mitmenschen geschätzt werden.

Selig die, die lächeln können und kein böses Gesicht machen, ihre Wege werden sonnenbeschienen sein.

Selig die, die Gott in allen Wesen erkennen und lieben, sie werden Licht und Güte und Freude ausstrahlen.«

GESCHLUCKT, NICHT GESPRITZT

Opa war beim Arzt gewesen. Mit dem Rezept hatte er sich in der Apotheke die verschriebene Medizin geholt. Zu Hause entdeckte er, dass in der Packung eigenartige Glasampullen steckten. Erst versuchte er eine mit den Fingern zu öffnen, dann nahm er das Küchenmesser. Das ging beinahe schief.

Irgendwie hat er sich aber dann doch die Flüssigkeit aus der Glasampulle verabreicht: oral, also geschluckt. Fürchterlich, muss er sich geschüttelt haben. Schrecklich habe dieses Zeug geschmeckt, schimpfte er noch Stunden später.

Am nächsten Tag hatte er wieder einen Termin beim Arzt. Der fragte nach der Packung aus der Apotheke. Sie sei zu Hause, sagte mein Opa, er wolle aber doch mal sagen, dass er ihm da eine ganz scheußliche Medizin verschrieben habe, sie schmecke einfach fürchterlich. Worauf der Arzt erst erstarrt sei und dann losgeprustet habe, erzählte Opa später. Als er sich dann wieder beruhigt habe, habe er gesagt, dass er das ja auch nicht hätte trinken sollen. Er habe ihm das am nächsten Tag spritzen wollen. Das habe er doch auch ausdrücklich gesagt.

Vielleicht hatte er. Mein Opa konnte nicht so gut hören. Das aber mochte er, wie viele Schwerhörige, nicht gern zugeben. Also sagte er gern Ja, auch wenn er keinen blassen Schimmer hatte, was sein Gegenüber gesagt hatte.

Hören können ist wichtig. Hinhören ist wichtig, Zuhören ist wichtig, ob man schwerhörig ist oder nicht, man könnte sonst lebenswichtige Informationen überhören. Jesus zum Beispiel schließt seine berühmte Bergpredigt mit dem Satz: »Wer diese meine Worte hört und sich nach ihnen richtet, wird am Ende dastehen wie ein Mann, der sein Haus auf felsigen Grund baute. Wer dagegen diese meine Worte hört und sich nicht nach ihnen richtet, wird am Ende wie ein Dummkopf dastehen, der sein Haus auf Sand baute« (Matthäus 7,24.26; GNB).

Meinem Opa übrigens hat die getrunkene Spritze nicht geschadet. Im Gegenteil – ein paar Tage später zierte ein Hörgerät sein Ohr.

UROMA KLARA

Selbst habe ich's nicht erlebt, doch in der Familie muss das wohl so oft erzählt worden sein, dass es mir heute noch bei jedem Gewitter einfällt. Ich muss dich dazu mit meiner Uroma Klara bekannt machen. Ich glaube kaum, dass du sie kennst.

Aufgewachsen ist sie in einem kleinen Dorf mit gerade mal drei Bauernhöfen und viel weiter als bis in die fünf oder sechs Kilometer entfernte Kreisstadt ist sie auch nie gekommen. Lesen und Schreiben hat sie gelernt. Intensiv geübt aber hat sie's wohl kaum. Als sie jung war, hatte es auf dem bescheidenen Anwesen ihrer Familie immer anderes zu tun gegeben. Als sie alt war, waren auch die Augen alt geworden.

Trotzdem war es ein Buch, das im Leben von Uroma Klara eine besondere Rolle spielte: das Gesangbuch, das Evangelische Kirchengesangbuch genauer gesagt, mit den alten Chorälen von Martin Luther und Paul Gerhardt. Viele dieser Choräle konnte sie auswendig. Sie musste also in ihrem Gesangbuch gar nicht lesen, um zu wissen, was drinstand. Ihr reichte es, dieses Buch in die Hand zu nehmen, besonders wenn's brenzlig wurde, und brenzlig wurde es in ihrem kleinen Dorf jedes Mal dann, wenn ein Gewitter nahte.

Uroma Klara wusste nichts von elektrischen Entladungsvorgängen, von positiver und negativer Ladung, von Kaltfronten und aufsteigender feuchter Luft. Uroma Klara hatte einfach nur Angst, wenn es blitzte und donnerte. Dann setzte sie sich in die Mitte des Wohnzimmers und nahm das Gesangbuch in die Hand. Manche Verse aus diesem Gesangbuch werden ihr in diesen Momenten durch den Kopf gegangen sein. Etwa dieser: »Befiehl du deine Wege und was dein Herze kränkt, der allertreusten Pflege des, der den Himmel lenkt. Der Wolken, Luft und Winden gibt Wege, Lauf und Bahn, der wird auch Wege finden, da dein Fuß gehen kann.«

Bei jedem Gewitter muss ich an sie denken, denn ein kleines bisschen Angst habe ich auch, wenn's allzu heftig donnert. Doch wie sie denke ich daran, dass unser Haus und unser Leben in der Hand Gottes sind und dass er auf uns aufpasst. Was übrigens für Gewitter aller Art gilt.

KEINE PANIK IM HIMMEL

Wir trafen uns 1974 am Rande des ersten Weltkongresses für Evangelisation im Palais de Beaulieu in Lausanne. Es war die Geburtsstunde der Lausanner Bewegung, die im Oktober 2010 zusammen mit der Weltweiten Evangelischen Allianz bereits zum dritten Weltkongress nach Kapstadt eingeladen hat. Seit Tagen schon war referiert, analysiert und diskutiert worden: Wie können wir die Welt möglichst rasch und möglichst effektiv mit dem Evangelium erreichen?

Im Foyer des Kongressgebäudes stand eine große digitale Anzeigetafel, auf der abzulesen war, um wie viele Menschen die Weltbevölkerung seit Beginn des Kongresses gewachsen war. Eindrucksvoll und auch ein bisschen bedrohlich. Denn die Zahl der Christen wuchs erheblich langsamer. Alles sollte die Dringlichkeit der Mission verdeutlichen.

Corrie ten Boom, die große kleine Evangelistin aus Holland, lächelte gütig und verschmitzt, als ich sie mit dem Mikrofon in der Hand nach ihrer Einschätzung fragte. Und dann sagte sie einen Satz, der mich seitdem nicht mehr losgelassen hat:

»Ach, wissen Sie, es gibt keine Panik im Himmel!«

Wie entlastend, wie befreiend! Und wie motivierend!

Dabei war sie selbst jahrzehntelang unermüdlich unterwegs, um Menschen die Botschaft von der Vergebung und Versöhnung zu bringen. Aber niemals verkrampft und verbissen. Niemals nach exakt geplanten strategischen Vorgaben. Niemals getrieben. Aber immer geschickt. Gesandt. Immer freundlich und entspannt. Immer mit der Liebe und Gelassenheit Gottes im Herzen und in den Augen.

LIEBER TOM! EIN OFFENER BRIEF
AN MEINEN PATENSOHN

Merkwürdig, Dir so öffentlich zu schreiben. Merkwürdig überhaupt, Dir zu schreiben. Kennst Du mich eigentlich noch? Ich bin – ich war mal Dein Patenonkel.

Neulich las ich auf »Facebook«, wie sich ein Patenonkel anlässlich der Konfirmation regelrecht von seinem Patenkind verabschiedete. »Ich habe Dich 14 Jahre lang begleitet. Nun sind wir am Ziel.« Mich hat das ein bisschen befremdet. Ist denn so ein Paten-Verhältnis nur eine Beziehung auf Zeit?

Dann bist Du mir eingefallen. Und ich habe ein schlechtes Gewissen bekommen. Denn irgendwie ist bei uns ja auch schon vor langer Zeit der Gesprächsfaden abgerissen. Rund um die Konfirmation war das wohl. Oder ein bisschen später. Das hatte Gründe, klar. Deine Eltern haben sich getrennt. Und unsere Freundschaft zu ihnen wurde dadurch erheblich komplizierter. Irgendwie. Wen soll man künftig besuchen? Wen einladen? Ihn? Sie? Beide? Am Ende haben wir dann keinen mehr eingeladen oder besucht. Und Du bist dabei beinahe unbemerkt mit durchs Beziehungsraster gefallen.

Klar, ich habe immer wieder einmal für Dich gebetet. Aber schon die Geschenke zum Geburtstag und zu Weihnachten hat meist meine Frau ausgesucht. Ich hab nur gnädig dazu genickt und die Karte unterschrieben.

Wir hätten uns mal treffen sollen. Nur wir zwei. Mal reden. Mal was unternehmen. Das wäre was gewesen! Patenonkel und Patentanten passen ja vielleicht ganz prima in die Gesprächslücke, die immer dann entsteht, wenn die Beziehung zu den Mamas und Papas schwierig wird. Aber ich weiß längst: »Hätte« und »Wäre« sind zwei Firmen, die in Insolvenz gegangen sind. Und eigentlich habe ich das ja auch nur viel zu selten mit meinen eigenen Kindern geschafft.

Weil ich's nicht geschafft habe? Oder weil ich's nicht gewollt habe? Ist doch komisch: Wenn man etwas wirklich will, dann schafft man's meist auch. Dann hat man auch die nötige Zeit. Und das nötige Kleingeld.

Ich muss Dich also einfach um Verzeihung bitten. Und hoffe, dass Du inzwischen vielleicht sogar ein bisschen Verständnis hast. Schließlich bist Du selbst längst in einem Alter, in dem man eigene Kinder hat. Oder Patenonkel ist.

Vielleicht aber machst Du's ja besser. Ich bewundere die jungen Väter heute. Die reden nicht nur davon, wie wichtig die Familie ist. Die leben das auch. Ich weiß, wovon ich spreche. Mein Sohn ist gerade in Elternzeit ...

Gibt es eigentlich auch eine Patenzeit? Na, wenigstens ein Patentag wäre von Zeit zu Zeit eine gute und sinnvolle Einrichtung.

Vielleicht rufe ich Dich ja in den nächsten Wochen mal an. Dabei hab ich ein bisschen Angst davor, Du könntest fragen: »Wer ist da bitte?«

Aber es gibt ja wenigstens nach wie vor den »vermittelten« Kontakt. Beten kann ich jederzeit für Dich! Dir Gutes von Gott zukommen lassen. Via Himmel.

Ich glaub, das mach ich gleich jetzt.

Liebe Grüße! Und vielleicht auf bald!
Dein Jürgen

DIE ZUFÄLLE IM LEBEN DES
DÜNDAR KARAHAMZA

Vieles in seinem Leben war purer Zufall. Es ist ihm einfach, ja, zugefallen.

Dass er zum Deutschstudium eingeteilt wurde zum Beispiel. Die
»freie Auswahl« ist in der Türkei eingeschränkt. Wer studieren will,
gibt mehrere Lieblingsfächer an. Ein Computer entscheidet dann.
Jura, Medizin, Agrarwissenschaften, Deutsch oder Arabisch stand in
Dündar Karahamzas Formular. Es wurde Deutsch.

Am Ende hätte er als Deutschlehrer arbeiten dürfen. Doch alle
verfügbaren Stellen waren besetzt. So absolvierte er zunächst seinen
Militärdienst und begann danach an der türkischen Riviera zu job-
ben. Als Verkäufer in einem Juwelierladen und als Tourguide. Und
lernte dabei die deutsche Kinderkrankenschwester Birgit kennen.
Und lieben. Zufällig. Nach einiger Zeit machte Dündar ihr einen
Heiratsantrag. Und Birgit sagte Ja.

Die Eltern der beiden allerdings waren nur mäßig begeistert. Dündars Eltern hatten Angst, Dündar könne sich vom Islam abwenden –
denn Birgit war Christin und hatte gerade begonnen, sich intensiver
als bisher mit der Bibel auseinanderzusetzen. Auch ihre Eltern rieten
ab – denn Dündar war natürlich Muslim. Und hatte gerade angefangen, den Islam ernster zu nehmen.

Ein Muslim und eine Christin, und beide dabei, ihren Glauben intensiver als bisher zu leben – konnte das gut gehen?

Die beiden heirateten. Zuerst nach islamischem Ritus in einer Moschee. Später standesamtlich. Die ersten Kinder kamen. Dündar hatte
sich in Hannover einer muslimischen Gemeinde angeschlossen und
versuchte alle muslimischen Regeln einzuhalten. Er ging regelmäßig
zur Moschee, verrichtete die täglichen fünf Gebete und hielt den Fas-
tenmonat Ramadan. Birgit versuchte ihren Kindern den christlichen
Glauben beizubringen, Dündar den muslimischen. Daher besuchten
die Kinder sowohl den Gottesdienst als auch die Moschee, sie lernten

Koranverse auf Arabisch auswendig und lasen in der Bibel. In der Familie wurde nach muslimischen Speisevorschriften gegessen. An islamischen Feiertagen besuchte Dündar alleine die Moschee, an christlichen Feiertagen ging er mit der Familie in die christliche Gemeinde.

In der Wohnung der Karahamzas traf sich regelmäßig ein christlicher Hauskreis. Dündar nahm immer wieder teil. Und war von der tiefen Frömmigkeit und den schlichten Gebeten der Christen beeindruckt. Er las in der Bibel. Vor allem, um die Christen zu widerlegen. Birgit las im Koran. Weil sie Dündar widerlegen wollte.

Und Dündars Zweifel am Islam wurden größer. Er schloss sich einer mystischen Bewegung an, weil er Gott näher kommen wollte. Er flog nach Mekka. Umrundete dort immer wieder die Kaaba. Ließ ein Opfertier schlachten. Doch er fand nicht, was er immer verzweifelter suchte: Seelenfrieden.

Wieder zu Hause begann er noch intensiver im Neuen Testament zu lesen. Jetzt aber nicht mehr, um seine Frau zu widerlegen, sondern um selbst Antworten zu finden. Und nach vielen Wochen war es ihm klar: Allein Jesus ist der Weg zu Gott. Allein hier gibt es Vergebung. Frieden. Dündar weihte diesem Jesus sein Leben. Und ließ sich wenig später in der Evangelisch-lutherischen Elia-Gemeinde in Hannover-Langenhagen taufen. Und alle feierten ein fröhliches Fest.

Die Familie in der Türkei allerdings war schockiert. Dündars Mutter wurde schwer krank und lag im Bett wie eine Trauernde, die ihren Sohn verloren hat. Seine Familie glaubte, dass ihn die deutsche christliche Gemeinde eingesperrt und hypnotisiert hätte. Als er davon erfuhr, flog er sofort in die Türkei, um seine Familie davon zu überzeugen, dass er sich vollkommen freiwillig für das Christentum entschieden hatte. Die Skepsis blieb. Doch seiner Mutter ging es auf der Stelle besser.

Inzwischen hat Dündar Karahamza eine theologische Ausbildung absolviert und leitet eine kleine Gemeinde. Und erzählt in begeisternden Vorträgen, was er mit dem Gott der Bibel erlebt hat. Wie ihm das Wichtigste im Leben einfach so zugefallen ist.

DER BISCHOF MIT DEN SANFTEN AUGEN

Als würde er Junker Jörg höchstpersönlich seine Aufwartung machen. Dabei kommt er nur zu mir und zu den »Wartburg-Gesprächen«. Eine lange schwarze Soutane mit einem prächtigen Lederkreuz auf der Brust trägt er. Auf dem Kopf thront so etwas wie ein Turban. Darunter schmunzeln zwei hellwache und sanfte Augen. Und prangt ein langer, grauer Bart.

Zweifellos: Anba Damian, der Generalbischof der koptisch-orthodoxen Kirche in Deutschland, ist eine eindrucksvolle Gestalt. Und eine ausgesprochen liebenswerte.

Wir wollen über den Arabischen Frühling sprechen. Über den Frühling, der für viele längst ein Winter geworden ist. Und vor allem darüber, wie es seiner Kirche im neuen Ägypten ergeht. Der Kirche und den Menschen, die ihr seit Generationen angehören. Immerhin sind beinahe 20 Prozent aller Ägypter »Kopten«. Und damit Ägypter. Denn nichts anderes bedeutet dieses Wort. Ihre Geschichte, davon sind sie überzeugt, reicht zurück bis zu den Pharaonen. Damit sind sie eigentlich keine Araber. Was vielleicht auch ein Teil des Problems ist.

Bischof Anba Damian stammt aus Kairo. Dort ist er 1955 geboren. Als Refaat Ramzi Mikhail Fahmi. Eigentlich ist er Mediziner. Bevor er 1992 zum Mönch und 1993 zum Priester geweiht wurde, war er als Facharzt für Radiologie und als Oberarzt tätig. Nur zwei Jahre später wurde er von Papst Shenuda III. zum Bischof geweiht. Seitdem ist er Seelsorger für die rund 6000 Kopten, die in Deutschland leben. Sein Amtssitz ist das »Kloster der Heiligen Jungfrau Maria und des Heiligen Mauritius« in Höxter-Brenkhausen. Hier ist er auch und vor allem Mönch unter Mönchen. Meist trägt er die schlichte Mönchskappe, deren symbolische Naht in der Mitte an die Schmerzen erinnern soll, die die Mönche in diesem Leben zu erwarten haben. Die koptisch-orthodoxe Kirche ist eine verletzte Kirche.

Refaat Ramzi Mikhail Fahmi hätte es sich einfacher machen können. Doch gegen eine himmlische Berufung sind auch Radiologen machtlos.

Wie sieht er die Entwicklung in seinem Land? Die wachen sanften Augen werden ernst. Er erinnert sich, dass zu Beginn der Proteste auf dem Tahir-Platz in Kairo Muslime und Christen Seite an Seite demonstriert haben. Dass Christen betende Muslime mit ihren Körpern vor den Gummiknüppeln der Polizei geschützt haben.

Heute allerdings ist die Lage für die Christen schlimmer als zu Mubaraks Zeiten. So werden immer häufiger koptische Mädchen von Islamisten entführt und zwangsverheiratet und zwangsislamisiert. Die Eltern hören oft nie wieder etwas von ihren Töchtern. Eine besonders schwere Zeit für eine Kirche, die zwar immer schon verfolgt und ausgegrenzt wurde, aber selten in diesem Ausmaß. Eine besonders schwere Zeit auch für den neuen Papst Tawadros II. »Ich war der Erste, der ihn vorgeschlagen hat!«, erzählt Bischof Damian. »Damals kannte ihn fast niemand!« Er ist stolz und glücklich über die Wahl. »Ein guter und weiser Mann!«

Weise muss man wohl sein in diesen Tagen. Und man muss eine unauslöschliche Hoffnung haben. Und himmlische Liebe. Bischof Damian erzählt von einem Sheikh, der den Christen besonders übel mitgespielt hatte. Als er schwer krank wurde, besuchten ihn die Christen in der Klinik, brachten ihm Geschenke und ein gutes Wort. Seitdem denkt er anders über die Kopten und ihren Gott.

Weil die Liebe immer stärker ist als Hass.

Eine der wichtigsten Ikonen der koptischen Christen zeigt den heiligen Menas, einen ihrer ersten Märtyrer. Mit großen ängstlichen Augen sieht er seiner Hinrichtung entgegen. Aber neben ihm steht Christus. Der mit sanften, ernsten Augen in dieselbe Richtung blickt. Und der die Hand auf Menas' Schulter gelegt hat. Christus – der eine, der immer mitgeht und mitleidet.

Ob's wieder besser wird in Ägypten und in den anderen arabischen Ländern? Niemand kann das sagen. Aber beten kann man. Und Unrecht beim Namen nennen kann man. Und politisch Einfluss nehmen kann man. Und Gottes Liebe leben kann man. Vor allem wohl das.

Der Bischof mit den hellwachen und sanften Augen macht es uns vor.

DIE VOLXBIBEL IN DER LUTHERSTUBE

Die Wartburg im Herzen von Thüringen. Hier hat Martin Luther das Neue Testament vom griechischen Original ins Deutsche übersetzt. In gerade mal elf Wochen. Unglaublich. Im September 1522 erschien die erste gedruckte Ausgabe: das »September-Testament«. Das schaffte es bis in die Schweiz. Denn im gesamten deutschen Sprachraum waren die Reformatoren davon überzeugt, dass die Bibel in die Hand von jedermann und jederfrau gehört. Und dass möglichst jeder verstehen können soll, was er da zu lesen bekommt. Denn »die Heilige Schrift ist das Höchste«, so Luther. Sein Übersetzungsprinzip: »Ich habe dem Volk aufs Maul geschaut.«

Immer wieder ist die Bibel seitdem überarbeitet, »revidiert«, worden. Die Lutherbibel das letzte Mal 1984. Die Zürcher 2006. Weil sich Sprache und Denke ständig verändern. Der verantwortliche Oberkirchenrat für »Luther 84« war einer unserer besonderen Gäste beim Wartburg-Gespräch zum Thema »Dem Volk aufs Maul geschaut«: Ernst Lippold, inzwischen fast 80.

An seiner Seite einer, der dem Volk seit ein paar Jahren ganz besonders intensiv aufs Maul schaut und der dieses Volk bei den Formulierungen sogar mitentscheiden lässt: Martin Dreyer. Seine »Volxbibel«, die 2005 zum ersten Mal erschienen ist, formuliert alte biblische Sätze zuweilen geradezu provozierend jugendlich.

Ein Beispiel: Mose bittet Gott – nach Luther: »Lass mich deine Herrlichkeit sehen!« Und Gott antwortet: »Ich will vor deinem Angesicht meine ganze Güte vorübergehen lassen und dir kundtun den Namen des Herrn: Wem ich gnädig bin, dem bin ich gnädig, und wessen ich mich erbarme, dessen erbarme ich mich.«

In der Volxbibel liest sich das so: »Bitte, Gott, ich möchte einmal ein bisschen mehr von dir sehen! Ich möchte mal deine ganz krasse Seite erleben!« Worauf Gott antwortet: »Gut, ich werde das tun. Ich komme bei dir vorbei mit meiner ganz krassen Art, die echt hardcore und heftig ist. Dann werde ich dir auch meinen vollen Namen sagen.

Ich tue das, weil ich das so will. Ich entscheide selbst, wen ich besonders mag. Das ist allein meine Sache.«

Warum schreibt Dreyer so? Wegen Mehmet. Nicht nur, klar, aber auch. Mehmet, ein Junge aus dem Jugendzentrum in Köln-Sülz, in dem Martin Dreyer ein paar Jahre gearbeitet hat. »Mehmet hätte Luther einfach nicht verstanden.«

Ist Martin Dreyer ein neuer Luther? Das weist er strikt von sich. Die Lutherbibel ist auch für ihn nach wie vor das Maß aller Dinge. Seine Volxbibel sieht er vor allem als Einstiegsbuch für junge Leute, die mit den Grundbegriffen des Glaubens einfach nichts mehr anfangen können.

Und Ernst Lippold, den man einmal den »Lordsiegelbewahrer der Lutherbibel« genannt hat? Eigentlich wollte er heftig protestieren. Doch nun ist er begeistert. Nein, er wird ganz sicher nicht umsteigen von Luther auf Dreyer. Aber ihm imponiert das Anliegen. »Und theologisch ist alles richtig in Ihrer Bibel!«, attestiert er dem 30 Jahre jüngeren Bibelübersetzer. »Nur ein bisschen mehr Respekt vor der Heiligkeit der Heiligen Schrift« hätte er sich zuweilen gewünscht.

Ich hatte eine heftige Kontroverse zwischen den beiden erwartet. Aber sie verstehen sich. Mögen sich. So sehr, dass der Ältere dem Jüngeren beim Abschied das »Du« anbietet.

»AUSGESCHLAFEN ZWEI METER VIER!«

Ausgeschlafen zwei Meter vier!« Das hat er bestimmt nicht zum ersten Mal so gesagt. Schließlich wird er seit seiner Kindheit immer wieder auf seine Körperlänge angesprochen.

Ausgeschlafen ist er allemal, der ehemalige Bremer Bürgermeister Henning Scherf. Obwohl seit einigen Jahren im Ruhestand, ist er aktiv wie eh und je. Aber freiwillig. Er schreibt Bücher, hält Vorträge, ist Präsident des Deutschen Chorverbandes und Kuratoriumsvorsitzender des Evangelischen Studienwerks Villigst. Und er organisiert Kulturprojekte in Nicaragua. »Unsere Zivilgesellschaft ist auf Eigeninitiative angewiesen«, schreibt er. »Und hier will ich mitmachen, so gut ich kann und so lange ich gefragt werde.«

Mit deutlich über 70 ist Henning Scherf zusammen mit seiner Frau Luise Mitbewohner der vielleicht berühmtesten WG in Deutschland. Und das schon seit Ende der 80er-Jahre. Von ihren Kindern bekamen sie zu hören, sie wären »postpubertäre Romantiker«. Doch für die Scherfs hat diese Lebensform Modellcharakter in einer ständig älter werdenden Gesellschaft.

Zu acht leben sie in einer Villa in der Bremer Innenstadt. Ältere und – Jüngere. Denn darauf kommt es wohl an: Die Älteren können von der Leistungsfähigkeit der Jüngeren profitieren, die Jüngeren von der Erfahrung und vom großen Zeitproviant der Älteren.

»Deutschland wird alt« – das war das Thema der Wartburg-Gespräche, zu denen wir Henning Scherf eingeladen hatten. Natürlich. Denn er setzt einen beachtlichen Kontrapunkt gegen das allgemeine Wehklagen. Auf Statistiken und Hochrechnungen reagiert er beinahe aggressiv. Nicht auf die Probleme sollten wir starren, sondern auf die Möglichkeiten. Eine älter werdende Gesellschaft rechtfertige keine Klagegesänge. Im Gegenteil: Ältere seien so etwas wie das Schmieröl der Gesellschaft. Wenn sie es denn begriffen. Und wenn man sie denn ließe.

2006, ein Jahr nach seinem Rückzug aus der aktiven Politik, hat er ein Buch herausgegeben, das schon im Titel deutlich macht, worum es ihm geht: *Alt ist bunt – was im Alter möglich ist.* Ein Mutmachbuch, das die Chancen des Älterwerdens aufzeigt und die eigene Fantasie anregt. Es muss nicht schlagartig Schluss sein mit 65 oder 67. Es muss nicht zwangsläufig im betreuten Wohnen enden.

Die meisten älter werdenden Mitbürger wollen ohnehin nicht ins Heim oder alleine zu Hause bleiben.

Scherf: »Ich spüre, dass diese alternativen Lebensformen eine richtig große Bewegung geworden sind. Ich habe mir sagen lassen, dass man inzwischen davon ausgeht, dass es in der Bundesrepublik einen Bedarf von einer Million Wohnplätzen dieser Art gibt.«

Einander helfen können. Und eine Heimat für andere sein. »Wenn unsere Enkel zu Besuch sind, wollen die meist gar nicht mehr weg.«

Manfred Oehming, Theologieprofessor aus Heidelberg, weist auf die hohe Achtung hin, die man in biblischen Zeiten älteren Menschen entgegengebracht hat. Aber auch auf ihre Verantwortung: »Es gibt in der Bibel eine Art Generationenvertrag. Die nachwachsende Generation hat einen Anspruch darauf, dass ihr die religiösen Werte der Älteren nicht vorenthalten werden. Es gibt eine Verpflichtung zum Weitersagen, zum Erinnern, zum Teilen – nicht nur, aber gerade auch auf religiösem Gebiet.«

Wobei die Bibel uns auch vom Zwang zu ewiger Jugend befreien möchte. Oehming: »Ohne Lebensalter keine Lebenserfahrung, ohne Lebenserfahrung keine Weisheit, ohne Weisheit kein gelingendes Leben. Das müssen wir in unseren Alltag integrieren. Diese biblische These ist eigentlich ein uraltes Lied, aber sie könnte für unsere Gesellschaft doch wieder ein ganz moderner Hit werden.«

Zum Leben gehört das Sterben. Das ist auch Henning Scherf klar. Längst leben nicht mehr alle in ihrer WG, mit denen sie begonnen haben. Aber bis es so weit ist, gilt es, das Leben beherzt und zuversichtlich zu gestalten. Zum Wohl der anderen. »Und weil's einem selbst Spaß macht.«

UND SIE TRÄUMTE VOM HIMMEL

Eine dunkle Zeit lag hinter ihr, eine lange dunkle Zeit. Wochenlang Schmerzen, wochenlang Angst, wochenlang Zweifel. Immer wieder hatte sie zu beten versucht, doch das wollte nicht gehen. Und an ihrem Bett hatte sie immer wieder die grinsende Fratze des Teufels gesehen. Hatte immer wieder dieselben hämischen Worte gehört: »Ich hab's dir doch gleich gesagt – wenn's ernst wird, kannst du dich auf ihn nicht verlassen. Bist halt nicht so wichtig für ihn, hast dir eingebildet, dass er dich liebt. Nun weißt du, dass es wirklich nur Einbildung war.«

Andere hatten mit ihr gebetet, hatten für sie gebetet. Hatten die grinsende Fratze des Teufels für ein paar Stunden aus ihrem Zimmer und aus ihren Gedanken verbannt. Doch dann hatte er sich wieder hereingeschlichen.

Eine dunkle Zeit war das gewesen, eine lange dunkle Zeit. Aber nun schien sie durchgestanden, ausgestanden. Sie konnte wieder beten. Wieder lächeln. Schmerzen und Angst hatten ihre lähmende Macht verloren. Und die teuflischen Gedanken hatten sich nach und nach aus ihrem Zimmer und aus ihren Gedanken verabschieden müssen. Es war endlich wieder hell. Es war endlich wieder warm. Es war endlich wieder friedlich.

Heute hatte sie ihren Vers in der Bibel entdeckt: »Der Gott, der euch berufen hat zu seiner ewigen Herrlichkeit in Christus Jesus, der wird euch, die ihr eine kleine Zeit leidet, aufrichten, stärken, kräftigen, gründen« (nach 1. Petrus 5,10).

Ein Vers, den der Apostel Petrus ursprünglich an die verfolgte Gemeinde der Christen geschrieben hatte, doch jetzt war das ihr Vers. Ihr persönlich zugedacht, ihr persönlich geschrieben, von Gott, ihrem guten Vater. Ein gewaltiger Gedanke füllte das Zimmer, füllte ihre Gedanken: Gott hat mich nicht nur zu ein paar schmerzfreien Stunden und Tagen berufen, sondern zu einer ewigen Herrlichkeit. Zu einem Leben ohne Schmerzen und ohne Angst. Einem unbegrenzten, ungefährdeten Leben. Was waren dagegen die Wochen, die hinter ihr lagen! Eines Tages würden sie überhaupt nicht mehr ins Gewicht fallen. Und sie betete immer wieder: »Gott sei Dank!«

Mit einem zufriedenen Lächeln drehte sie sich auf die Seite, schlief zum ersten Mal seit Wochen wieder tief und friedlich ein und träumte – vom Himmel.

WERT(H)E GÄSTE

So darf das nur er sagen: »Jeder ist einmalig begabt. Einmalig be-
kloppt. Aber immer der Liebe wert!« Über diesen Satz haben Klaus
Vollmer und ich ein paar Stunden lang gestaunt und geschmunzelt.
Der Evangelist aus Hermannsburg war Gast in meiner Fernsehrei-
he »Werthe Gäste«. Hier plaudere ich mit prominenten Weggefähr-
ten über das Leben und über den Glauben. Klaus Vollmer war Gast
Nr. 70. Ein Ende der Reihe ist noch nicht abzusehen.

Originale Gottes vor der Kamera. Mit ihrem Originallächeln. Ihrem Originalstirnrunzeln. Ihrer Originalsprache. Ihrer Originalges-
tik und Mimik. Und mit ihrer Originalgeschichte. Einmalig begabt.
Einmalig be... – nein, das wäre jetzt ungalant! Keine Hochglanzper-
sönlichkeiten aus Hochglanzmagazinen jedenfalls.

Gibt's die überhaupt? Wenn schon, dann höchstens auf den ersten
Blick. Den ersten oberflächlichen und verklärten Blick. Ich versuche,
tiefer zu schauen. Auch die Brüche ins Gespräch zu bringen. Nicht,
weil das so herrlich interessant wäre. Nein, weil es zum Leben und
zum Glauben einfach dazugehört. Und weil es Mut macht.

Martin Luther hat einmal gesagt, dass ihn die »Schwächen der
Heiligen« viel mehr trösten würden als ihre Stärken. Und die Bibel ist
voll von ihnen. Menschen, die nicht von ihren vermeintlichen Wohltaten gelebt haben, sondern von der grenzenlosen Barmherzigkeit
Gottes. Abraham, Isaak, Jakob, David, Jona, Petrus, Paulus und, und,
und.

Ich sollte für eine Zeitschrift einmal formulieren, was mein Le-
bensmotto ist. Ich habe gezögert und lange überlegt. Denn ich hatte bis dahin keins. Seitdem aber habe ich's: »An meinem Leben soll
die Barmherzigkeit Gottes deutlich werden.« Nein, nicht mehr. Aber
auch nicht weniger.

Vor ein paar Jahren habe ich in einem Buch von ein paar Wegstre-
cken meines Lebens berichtet. Auch über einen Burnout, der mich
Anfang der 90er-Jahre überrollt hat. Ein freundlicher Leser schrieb

mir nach der Lektüre: »Und wir haben immer gedacht, Sie wären als Hochglanzausgabe direkt vom Himmel gefallen.«

Ich habe mich gefreut. Und – war erschrocken. Wieso hat er das gedacht? Habe ich ihm dieses Bild vermittelt? Vermitteln wir professionellen Christen am Ende vor allem diese Botschaft: Ihr habt die Fragen, wir die Antworten? Ihr habt die Probleme, wir die Lösungen?

Wenn's wenigstens stimmen würde … Nein, auch bei den bekannten Konferenzrednern und Bühnenprofis geht's nur gut, so lange es gut geht. Niemand steht über den anderen. Niemand hält sich selbst. Alle leben davon, dass sie von Christus gehalten werden.

»An meinem Leben soll die Barmherzigkeit Gottes deutlich werden.« An meinem Leben – und am Leben meiner Studiogäste.

Das hat natürlich Grenzen. Auch wenn manche Gesprächspartner anschließend sagen, sie hätten ganz vergessen, dass wir im Studio sind – ich darf es nicht vergessen. Die »Werthen Gäste« sind kein Nachmittagstalk bei den Privaten. Offenheit und Ehrlichkeit ja. Aber kein Posieren mit den Brüchen des Lebens. Kein Zurschaustellen der eigenen Schwächen. Durch unsere Brüche und Schwächen soll Christus sichtbar werden. Durch unsere Schatten seine Liebe leuchten.

Ich bereite mich auf meine Gäste vor. Aber nicht aufs Gespräch. Das entwickele ich, indem ich es führe. Das erfordert eine gute Kenntnis der Gesprächspartner und der Gebiete, auf denen sie tätig sind. Und es erfordert höchste Konzentration. Was sagt, erzählt er/sie da gerade? Wo muss ich nachhaken? Wo erschließen sich unerwartete Entdeckungen und Erfahrungen? Fragekärtchen abarbeiten mag für klassische Interviews angehen, für Gespräche, für Talkshows ist diese Methode tödlich. Finde ich. Denn ein wirkliches Gespräch kommt auf diese Weise nie zustande.

Es ist spannend, Menschen zu entdecken. Vielleicht gibt es überhaupt nichts Spannenderes. Das heißt, doch. Gibt's. Gott entdecken! Aber den entdeckt man nicht selten in – Menschen.

LIEBLINGSPLATZ: MITTELPUNKT

Es war ein wunderbarer Tag gewesen: ihr Geburtstag. Beinahe 24 Stunden lang hatte sie dort gestanden, wo sie sich am wohlsten fühlt: im Mittelpunkt. Schon am frühen Morgen hatte das Telefon geklingelt. In der Wunschliedersendung des ERF wurde sie von ihrem Gemeindepastor gegrüßt. Dann kamen die ersten Freundinnen und die Familie. Alle hatten sich hübsch angezogen, hatten ein paar Blümchen dabei oder eine Schachtel Pralinen. Und alle hatten ihr Gutes gewünscht: Glück und Segen. Der Kirchenchor brachte ihr am Nachmittag noch ein Ständchen.

Wochenlang hatte sie sich auf diesen Tag vorbereitet. Hatte gekocht und gebacken und gewienert. Hatte sich in der kleinen Boutique in ihrer Straße ein schickes Kostüm rausgesucht. Und hatte sich natürlich einen Tag vor dem großen Ereignis noch einen ausgiebigen Friseurbesuch gegönnt. Der Erfolg gab ihr recht. »Dir glaubt doch ohnehin keiner, dass du heute 70 wirst«, sagte Nachbar Karl. Und natürlich hatte sie die Blicke ihrer Cousine Hertha wahrgenommen und das anerkennende »Du hast deine Wohnung wirklich im Griff. Hier ist alles wie immer tipptopp«.

Ja, sie hatte alles im Griff. Immer schon hatte sie alles im Griff. Den Haushalt. Die Familie und auch die Gruppen in der Kirchengemeinde, die sie über die Jahre geleitet hatte. Sie hatte ihre Kinder im Griff. Aus allen war etwas geworden. Irgendwie hatte sie auch ihren Mann im Griff. Der allerdings lebte nun schon seit ein paar Jahren nicht mehr. Das war einer der wenigen Wermutstropfen an diesem wunderschönen Tag.

Am Ende waren sich alle einig: Sie war eine bewundernswerte Frau. Eine beneidenswerte Frau sogar.

Dann kam der Geburtstag ihrer Cousine Hertha. Hertha war fünf Jahre jünger als sie und sah – das musste sie zugeben, wenn auch widerwillig – fünf Jahre jünger aus – mindestens. Auf diesen Tag hatte sie sich so gar nicht gefreut. Es war ja auch nicht ihr

Tag. Aber sie wollte das Beste daraus machen. Zum Beispiel mit einem ausgefallenen Geschenk glänzen. Doch irgendwie ging an diesem Tag alles schief. Das Geschenk, ein teurer Bildband über die Geschichte ihrer gemeinsamen Heimatstadt, stand längst im Bücherschrank der Cousine. Der Kuchen, den sie mitgebracht hatte, war nicht wirklich geraten. Und überhaupt schien sich Hertha mit den anderen Gästen besser zu verstehen als mit ihr. Irgendwie kam sie nicht richtig vor. Irgendwie blieb sie am Rand. Als dann eine von Herthas Freundinnen noch eine unbedachte kecke Bemerkung über sie machte, brach sie unverhofft in Tränen aus, packte Mantel und Handtäschchen und verließ die Geburtstagsgesellschaft. Die blieb konsterniert zurück.

Auch sie fühlte sich ertappt. Ihre glanzvolle und perfekte Fassade hatte Risse bekommen. Sie selbst hatte es entdeckt und andere wohl auch. Im Tiefsten drehte sich bei ihr alles um sich selbst, um ihre Ehre, um ihr Ansehen.

Die Theologen der ersten Jahrhunderte unserer Zeitrechnung hatten dafür auf Lateinisch einen passenden Ausdruck: »incurvatus in se«. Menschen, die in sich selbst verkrümmt sind. Luther sagte später: Das ist eine Folge der Sünde. Wir Menschen sind in uns selbst verkrümmt. Kreisen nur um uns selbst. Auch wenn wir uns noch so sehr bemühen, einen anderen Eindruck zu erwecken.

Die gute Nachricht aber ist: Es ist nie zu spät, aus dieser Selbstverkrümmung herauszukommen, auch wenn man sich vielleicht schon lange damit arrangiert hat, vielleicht sogar fromm arrangiert hat. Wer Jesus begegnet, lernt den aufrechten Gang, hört auf, ständig nur um sich selbst zu kreisen, nimmt Gott in den Blick und das, was er will, und stellt die Belange seiner Mitmenschen am Ende vielleicht sogar über seine eigenen Belange.

Zur Zeit des Neuen Testaments ist es immer wieder geschehen. Etwa in dieser Geschichte aus dem Lukasevangelium:

»Eine Frau war da, die war verkrümmt und konnte sich nicht

mehr aufrichten. Als Jesus sie sah, rief er sie zu sich und sprach zu ihr: Frau, sei frei von deiner Krankheit! Und legte die Hände auf sie; und sogleich richtete sie sich auf und pries Gott« (nach Lukas 13,10 17).

So etwas kann jede und jeder von uns auch heute erleben. Wir müssen nur Jesus an unser Leben heranlassen.

AUF GOTT VERLASSEN

Herzlichen Glückwunsch«, rief sie ihm nach. »Du machst es richtig!«

»Was mache ich richtig?«, fragte er verdutzt. »Ich habe doch gar nichts gemacht.«

»Genau das meine ich«, antwortete sie verschmitzt. »Du hast nichts gemacht. Du hast nichts selbst in die Hand genommen. Du hast dich auf Gott verlassen. Jetzt hat er es gemacht. Und das ist viel, viel besser!«

Dabei waren es wirklich schwere Tage gewesen. Seine Bewerbungsunterlagen hatten schon seit mehreren Wochen im Vorzimmer des Personalchefs geschmort. Immer wieder hatte er überlegt, ob er nicht seine Beziehungen spielen lassen sollte. Schließlich kannte er den Schwager des Personalchefs aus der Gemeinde. Aber irgendwie war ihm immer wieder klar geworden, dass er diese Angelegenheit Gott überlassen sollte. Wenn es richtig war, dass er diese Stelle bekam, wenn es wirklich sein Platz war, der Platz, den Gott ihm zuweisen wollte, dann würde er die Stelle schon bekommen.

Nein, nicht immer war er ganz sicher gewesen. Nicht immer hatte er ruhig schlafen können. Manchmal schon hatte er den Hörer in der Hand gehabt, um den Schwager des Personalchefs anzurufen. Doch immer wieder hatte er aufgelegt. Er wusste selbst nicht ganz genau, ob das richtig war. Schließlich erwartet Gott von uns, dass wir das, was wir selbst tun können, auch selbst tun. Warum sonst hätte er uns zwei Hände gegeben und einen wachen Verstand? Warum sonst hätte er uns Ideen und Fantasien gegeben? Warum sonst Menschen an unserer Seite? Warum sonst – ein Telefon?

Aber immer wieder war ihm dieser Vers eingefallen: »Herr Zebaot, wohl dem Menschen, der sich auf dich verlässt!« Ein Psalmvers, Psalm 84, Vers 13. Herr Zebaot, Herr der Heerscharen, Herr der himmlischen Gewalten, Herr aller Engelheere, Herr, der die Welt geschaffen hat, du Herr, der alles in der Hand hat, du Herr, dem nichts unmöglich ist – herzlichen Glückwunsch dem Menschen, der sich auf dich verlässt. So hatte er den Psalmvers immer wieder verstanden und er wollte dieser Mensch sein, einer, der sich ganz und gar auf Gott verlässt.

Heute Morgen – endlich heute Morgen – hatte das Telefon geläutet, der Personalchef war am Apparat, und er hatte ihn zum Vorstellungsgespräch eingeladen und dabei noch gesagt, dass er der richtige Kandidat sei, dass er alle Voraussetzungen für die Stelle mitbringe und dass man nur noch die Formalitäten klären müsse. Es war gut gegangen. Er hatte sich auf Gott verlassen und er war nicht enttäuscht worden.

Beschwingt betrat er später das Büro des Personalchefs. Die Formalitäten waren rasch geklärt, als ihn der Personalchef plötzlich durchdringend anschaute. Und dann kam die Frage, mit der er nun wirklich nicht gerechnet hatte:

»Könnten Sie sich auch vorstellen, für unsere Firma in Mailand tätig zu werden?«

Das war ein Schock. Mailand, das hieß Italien, das hieß Ausland, das hieß weg von den Freunden, weg von der Gemeinde. Mailand, das hieß eine Expedition ins Unbekannte unternehmen. Er wollte schon den Kopf schütteln, als ihm wieder sein Psalmvers einfiel: »Herr Zebaot, wohl dem Menschen, der sich auf dich verlässt!« Und ein bisschen zögernd, aber doch beherzt nickte er dem Personalchef ins Gesicht.

NICHTS GEHT MEHR

Es war eine schwierige Beziehung gewesen. Klar, sie hatten wunderbare Zeiten erlebt. Glückliche Zeiten, in denen die Liebe aus beinahe allen Knopflöchern sprang. Doch das hatte sich im Laufe der Jahre geändert. Manchmal dachten sie an einen Satz des französischen Schriftstellers Albert Camus: »Man liebt. Man heiratet. Man arbeitet. Man arbeitet so viel, dass man darüber das Lieben vergisst.«

Was sie miteinander teilten, war im Laufe der Jahre immer weniger geworden. Das Unausgesprochene, das Unbewältigte, dagegen hatte sich Schicht für Schicht zu einem riesigen Berg vor ihnen aufgetürmt. Irgendwann konnten sie einander nicht mehr sehen, einander nicht mehr hören. Sie ihn nicht. Er sie nicht. Da war es nur konsequent, dass er eines Tages die Koffer packte und sich eine eigene kleine Wohnung suchte. Nichts hielt sie mehr beieinander. Der Gesprächsfaden war abgerissen, und niemand schien mehr in der Lage, die losen Enden dieses Fadens wieder zusammenzuknüpfen.

Da erreichte ihn eines Tages die unerwartete und schockierende Nachricht, dass seine Frau gestorben war. Ganz plötzlich. Nun war es endgültig zu spät für ein Gespräch. Nun konnten die vielen Fragen, die sich zwischen ihnen aufgetürmt hatten, nicht mehr beantwortet werden. Nun konnten die Geheimnisse, die sie voreinander verborgen hatten, nicht mehr gelüftet werden. Seltsam leer fühlte er sich, als er an ihrem Grab stand. Leer und trostlos und hoffnungslos.

In einem der wenigen Kondolenzbriefe, die er nach der Beerdigung bekam, stand ein merkwürdiges Wort aus dem Buch des Propheten Sacharja: »Der Herr wird Zion wieder trösten.« Zion – das war Jerusalem. So viel wusste er. Aber was hatte er mit Zion zu tun? Was mit Jerusalem?

Als er die Geschichte aus dem Alten Testament noch einmal nachlas, wurde ihm klar, dass es da doch eine ganze Reihe von Parallelen gab. Als der Prophet Sacharja dieses Wort zu Papier brachte, lag Jerusalem in Trümmern. Die meisten Bewohner waren Jahrzehnte zuvor vertrieben worden. Nun kamen die ersten zurück, wagten ängstlich und zögernd den Neuanfang. Bauten eine neue Mauer um ihre Stadt. Legten einen Grundstein für einen neuen Tempel. Das Haus ihres Gottes. Trostlos und hoffnungslos schien die Lage. Und mitten hinein kam auf einmal dieses Wort: »Der Herr wird Zion wieder trösten.« Der Herr – nicht irgendein Mensch. Der Herr, der Himmel und Erde gemacht hat. Der Herr, der sich für Zeit und Ewigkeit an seine Menschen gebunden hat. Der Herr, dessen Macht unbegrenzt ist und dessen Liebe unzerstörbar. Wenn der tröstet, dann ist Trost da. Dann gibt es auch wieder Hoffnung.

Ja, so ähnlich fühle ich mich auch, dachte er. So ähnlich wie die Menschen in Jerusalem damals. Alles zerstört. Die Mauern eingerissen. Keine wirkliche Zukunftsperspektive. Aber wenn es selbst für Jerusalem damals Hoffnung gab, weil sich Gott wieder zugewandt hat, weil seine Gnade und sein Erbarmen den Mächten der Zerstörung Einhalt geboten haben und weil dieser Gott damals einen neuen kleinen Anfang möglich gemacht hat, dann, ja dann würde das ja vielleicht auch für ihn gelten. Dann könnte er seine Frau und die gescheiterte Liebe und all die unbeantworteten Fragen einfach diesem Gott geben und sein eigenes verwundetes Herz gleich dazu. Dann könnte er ihn einfach bitten: »Nimm meine Frau in Gnaden auf und tröste mich, und heile, was zerbrochen ist.«

MÖHREN, EIER UND KAFFEEBOHNEN

Es ging ihr so gar nicht gut. Sie erzählte es ihrem Vater. Der ging mit ihr in die Küche. Dort setzte er drei Töpfe mit Wasser auf den Herd. In den ersten warf er einen Bund Möhren, in den zweiten legte er ein paar Eier, in den dritten schüttete er eine Handvoll Kaffeebohnen. Zwanzig Minuten später nahm er die Töpfe vom Herd und legte die Möhren in eine Schüssel, die Eier auf einen Teller. Aus dem dritten goss er duftenden Kaffee in eine Tasse.

Die Möhren, erst hart und holzig, waren weich geworden. Die Eier, erst zart und zerbrechlich, waren nun fest und widerstandsfähig. Die Kaffeebohnen hatten sich selbst kaum verändert, aber das Wasser. »Was bist du?«, fragte der Vater seine Tochter verschmitzt. »Eine Möhre, ein Ei oder eine Kaffeebohne?«

Und dann erklärte er ihr, was das alles mit ihrer schweren Situation zu tun hatte. »Der eine wird durch schwere Lebensphasen weich, wird offen für Gottes Gnade und seine Barmherzigkeit, offen auch für andere Menschen. Lernt, gnädiger und barmherziger mit ihnen umzugehen. Und mit sich selbst. Ein anderer wird durch schwere Lebensphasen krisenfest, lernt Treue und Ausdauer, wird vielleicht sogar einer, der anderen Halt gibt. Und ein Dritter geht durch solche Phasen scheinbar unbeeinflusst und unerschüttert. Aber er verändert seine Umgebung. In jeder Krise arbeitet Gott an dir. Liebevoll und fürsorglich verändert er dich. Und deine Umgebung gleich mit. Krisen sind keine Katastrophen.«

Ich will das nie vergessen: Gott hat Gutes im Sinn. Immer. Mit mir. Mit den Menschen, die mir am Herzen liegen. Mit meiner Gemeinde. Mit der Welt. Bei ihm sind wir in guten Händen.

ARME LEUTE, REICHE LEUTE

|n vier Wochen wollen wir ein besonderes Opfer für eine arme Familie zusammenlegen!«, hatte der Pastor angekündigt. »Lasst euch etwas einfallen. Und spart ein bisschen!«

Ocy, Eddie und Darlene hörten es mit Spannung. Und bombardierten ihre Mutter nach dem Gottesdienst gleich mit Vorschlägen. Dabei hatten sie selbst kaum genug zum Leben. Papa war vor fünf Jahren gestorben und hatte Mama mit sieben Kindern und ohne Geld zurückgelassen. Jetzt schrieb man das Jahr 1946. Und Mama hatte »nur« noch drei Töchter zu versorgen.

Aber sie wollten dieser armen Familie helfen. Kauften darum gleich am nächsten Tag einen Sack mit 50 Pfund Kartoffeln, um davon einen Monat lang zu leben. Ersparnis: 20 Dollar für Lebensmittel. Und sie beschlossen, das Licht früher zu löschen und kein Radio mehr zu hören. Das würde die Stromrechnung senken. Und jede der Töchter ging in der Nachbarschaft putzen oder babysitten. Und am Abend häkelten sie kleine Topfuntersetzer, die sie für 30 Cent das Stück verkauften.

Nach vier Wochen tauschten sie ihr Erspartes und Verdientes um in druckfrische Scheine. 70 Dollar! Stolz und glücklich legten sie am Sonntag ihr Geld in den Kollektenteller. Sie konnten helfen, eine arme Familie glücklich zu machen. Sie waren *reich*.

Am Nachmittag kam unerwartet der Pastor zu Besuch und überreichte ihnen strahlend einen Briefumschlag. Für *sie* hatte man in der Gemeinde gesammelt! – Wie benommen öffneten sie den Umschlag: Heraus fielen »ihre« 70 Dollar und 17 weitere Ein-Dollar-Scheine.

Es war wie ein Schock: *Sie* waren die arme Familie! *Sie* waren *arm*! Die anderen hatten es schon immer gewusst. Und sie wussten es nun auch. Und das Geld – was sollten sie mit dem Geld anfangen? Sie hatten nie so viel Geld gehabt.

Da trat am folgenden Sonntag ein Missionar aus Afrika auf die Kanzel ihrer Gemeinde. Er erzählte, die meisten kleinen Kirchen dort hätten kein Dach als Schutz gegen die Sonne und gegen den Regen. Dabei koste so ein Dach nur rund 100 Dollar. Natürlich wurde anschließend für ein Kirchendach gesammelt. Mama, Ocy, Eddie und Darlene sahen einander an und waren sich sofort einig: *Hier* würden sie ihre 87 Dollar ausgeben!

Am Ende des Gottesdienstes waren »etwas über 100 Dollar« zusammengekommen. Der Missionar war überglücklich. Eine solche Kollekte hatte er nicht erwartet. »In dieser Gemeinde muss es ein paar wirklich reiche Leute geben!«, sagte er.

Strahlend und singend zog die kleine Familie anschließend nach Hause. *Sie* waren die reichen Leute. *Sie* hatten 87 »von etwas über 100 Dollar« gegeben. *Sie* waren *reich*!

EXISTENZIELL BERÜHRT

Ein Licht! So ein Licht! So ein ärgerliches Nachttischlämpchenlicht! Es ist 6.30 Uhr. Verschlafen schiebt sich Tomas Nachtmann aus dem Bett. Alles noch dunkel draußen. Klar. Ist halt noch nicht Frühling. Muss man durch. Jeden Morgen wieder.

Gequält streckt sich die linke Hand Richtung Zimmerdecke. Die rechte verschämt Richtung Mund. Obwohl: Er kann ihn aufreißen, so weit er will. Gähnen, so viel er will. Ist eh keiner da.

Radio an. Und die Kaffeemaschine. Wasser in die Kanne. Filter in den Trichter. Pulver in die Tüte. Vier Löffel. Dann Zähne putzen, rasieren, Haare waschen, Achseln einsprühen – jeden Morgen das gleiche Ritual. Alltagsmorgen.

Ein müder Blick aus dem Fenster. Wie ist das Wetter heute? Wieder feucht und kühl und neblig? Wie beinahe jeden Tag während der letzten Wochen? Der Himmel scheint klar. Jedenfalls kein Regen. Und kein Schnee.

Als ihm beinahe die Zahnbürste aus der Hand fällt. Draußen ist auf einmal alles taghell. Taghell um 6.40 Uhr! Im Winter! Ein Licht! So ein Licht! Und ein Knall. Dauert's eine Sekunde? Drei Sekunden? Was ist das? Für einen Moment stimmt nichts mehr. Ist die Nacht nicht mehr Nacht, der Morgen nicht mehr Morgen, Tomas Nachtmann nicht mehr Tomas Nachtmann. Für einen Moment steht die Erde still. Jagen Panik und Glück durch seine Seele. Träumt er noch? Ist er verrückt geworden? Ist das das Ende der Welt? Oder der Anfang?

Radio an. Mit zitternden Fingern. Gute-Laune-Musik wie immer. »Gleich Viertel vor sieben!« Weiß er doch längst selbst. Anderer Sender. Und endlich die Nachricht:

»Ein Lichtphänomen am Himmel hat vor wenigen Minuten die Bevölkerung in unserem Sendegebiet in Aufregung versetzt. Wie die Polizei mitteilt, haben sich zahlreiche Menschen gemeldet, die von einem grellen Blitz und einem anschließenden Knall berichtet haben. Manche sprechen von einem UFO.«

Tomas Nachtmann wischt sich Schweiß von der Stirn. Hat er Angst gehabt? Wenigstens ist er nicht verrückt geworden. Wenigstens haben auch andere gesehen, was er gesehen hat.

Aber was um alles in der Welt war das? Was ist passiert?

Stunden später die Aufklärung: Nein, kein UFO, natürlich nicht. Die Europäische Weltraumbehörde meldet, dass es sich wohl um einen Meteoriten gehandelt hat, der in 50 bis 100 Kilometer Höhe in der Atmosphäre verglüht ist. Entwarnung also. Aber immer noch rufen Menschen bei der Polizei an, bei den Zeitungen, in den Radio- und Fernsehredaktionen. Müssen einfach erzählen. Von großen Glücksgefühlen, die das unerwartete Licht bei ihnen ausgelöst hat. Oder vom glatten Gegenteil: von Angst und von Panik. Experten werden befragt. Sie sagen, dass so eine besondere Lichterscheinung die Menschen existenziell berührt. Ganz tief drinnen etwas macht mit ihnen.

Existenziell berührt.

Wie damals auf den Hirtenfeldern, denkt Tomas Nachtmann am Nachmittag. Da ist auch auf einmal ein helles Licht in die dunkle und trübe Alltagsroutine der Hirten geplatzt. Und hat Angst und Schrecken verbreitet. Aber auch Freude und Glück. Sie waren wirklich existenziell berührt. Kann man nachlesen. In Lukas 2. Damals ist ein Engel erschienen mit einer Ankündigung, die bis heute an jedem 24. Dezember in den Kirchen vorgelesen wird. Und nicht nur da. »Fürchtet euch nicht. Siehe, ich verkündige euch große Freude, die allem Volk widerfahren wird. Denn euch ist heute der Heiland geboren, welcher ist Christus, der Herr, in der Stadt Davids!«

Existenziell berührt.

Wie damals die Weisen aus dem Morgenland, denkt Tomas Nachtmann. Die sehen ein helles Licht am Himmel. Einen Stern vielleicht. Und wissen sofort: Etwas Besonderes ist geschehen. Etwas Außergewöhnliches. Sie müssen hin, koste es, was es wolle. Und sie machen sich auf eine lange beschwerliche Reise. Am Ende finden sie ein Kind in der Krippe und erfahren: »Euch ist heute der Heiland geboren!«

Existenziell berührt.

Wie irgendwann einmal, wenn dieses Kind aus der Krippe als göttlicher Herrscher zurückkommt auf die Erde, denkt Tomas Nachtmann. Wie heute Morgen wird es vielleicht sein. Taghell mitten in der Dunkelheit. Und so ähnlich wie heute Morgen werden die Menschen wohl reagieren. Glücklich oder erschrocken. Und das hat dann etwas damit zu tun, ob sie sich über die Ankunft dieses Heilands freuen. Ob sie ihn kennen oder nicht. Ob sie sich von ihm beglückt oder bedroht fühlen.

Existenziell berührt.

Na ja, heute Morgen war's noch nicht so weit, lächelt Tomas Nachtmann. Aber er kann sie nun ein bisschen besser verstehen, die Hirten und die Weisen. Und er weiß, dass er sich freuen möchte, wenn's eines Tages so weit sein wird und er zurückkommt.

ALPHABETISCHES TEXTREGISTER

QUELLENNACHWEIS

Die Texte dieses Buches stammen vorwiegend aus folgenden (nicht
mehr lieferbaren) Veröffentlichungen (alle erschienen bei
SCM R. Brockhaus):

Zu wem beten Lokomotiven?
Voll-Wert(h)-Kost
Der Engel auf der Autobahn. Gewöhnliche und ungewöhnliche Ge-
schichten und Erfahrungen
Der Himmel lässt grüßen. 100 Andachten für den Beginn des Tages
Für meinen Tag. 88 Starthilfen
Leise Töne gegen den Lärm. Geschichten über Gott und seine Welt

Gebunden,
11 x 18 cm,
128 Seiten
Nr. 226.609

Michael Diener

Gott ist immer schon da
Nachdenkliches für All-Tage und Fest-Tage

Michael Diener präsentiert Nachdenkliches für All-Tage und Fest-Tage! Immer wieder stolpert er im Alltag über Gott – bei der Begegnung
mit Menschen, in den Medien oder in ganz gewöhnlichen Situationen.
Welche Parallelen gibt es zwischen Jazz und dem Glauben? Was sagt
uns „Malen nach Zahlen" über das Leben? Und was hat ein Zebrastrei-
fen mit Weihnachten zu tun? Lassen Sie sich von den kurzen, humor-
vollen Texten zum Nachdenken einladen und einen neuen Blick auf so
manche Alltagsbegebenheit und manchen Feiertag schenken!